AF642066

Elke Hufnagel

Klett Sicher in Deutsch

Aufsatz 5./6. Klasse

Alles zum Thema Aufsatz

Klett Lerntraining

Hinweis:
Zu diesem Buch gehören Online-Tests unter
www.klasse5bis10.klett-lerntraining.de.
Der Zugang zu den Online-Abschlusstests ist bis drei Jahre nach Ersterscheinen des Buches gewährleistet.

Dieser Titel basiert auf 978-3-12-927555-9.

Bibliografische Information der Deutschen Nationalbibliothek
Die Deutsche Nationalbibliothek verzeichnet diese Publikation in der Deutschen Nationalbibliografie; detaillierte bibliografische Daten sind im Internet über http://dnb.dnb.de abrufbar.

2. Auflage 2024

www.klett-lerntraining.de

Umschlagfoto: Rücken Shutterstock (Sazhnieva Oksana), New York;
U1/U4 Getty Images (pixdeluxe), München
Satz: DTP-Studio Andrea Eckhardt, Göppingen
Druck: Plump Druck & Medien GmbH, Rheinbreitbach
Printed in Germany
ISBN 978-3-12-927633-4

Inhaltsverzeichnis

So übst du mit diesem Buch

Du möchtest sicher im Aufsatzschreiben werden?
Dann ist dieses Buch genau das richtige Übungsbuch für dich! Es hilft dir dabei, alle **wichtigen Aufsatzarten** der 5. und 6. Klasse zu wiederholen und zu üben.

Gehe so vor:

Schritt 1

Suche aus dem Inhaltsverzeichnis das **Thema heraus**, das du wiederholen möchtest.

Schritt 2

Lies das **Merkwissen** im Kasten **durch**. Dort steht alles, was du zu diesem Thema wissen und können solltest.

Schritt 3

Jetzt kannst du mit den vielen unterschiedlichen **Aufgaben üben**. Einige Aufgaben lassen sich aus nicht im Buch lösen – lege dir dafür Papier bereit.

Schritt 4

Vergleiche deine Antworten mit den **Lösungen** hinten im Buch.

Schritt 5

Wenn du ein Kapitel abgeschlossen hast, kannst du dich mit dem **Abschlusstest online testen**. Die Ergebnisse aus dem Test kannst du in die Tabelle am Kapitelende übertragen. So behältst du immer den Überblick.

So funktioniert der Abschlusstest online

Gehe auf www.klett-lerntraining.de/9B3M.

Du erhältst eine Übersicht über alle Kapitel und darunter alle verfügbaren Abschlusstests.
Wähle einen passenden Test aus und bearbeite die Aufgaben.

Du kannst alle Online-Tests mit und ohne Anmeldung nutzen.
Bitte beachte: Wenn du dich nicht anmeldest, kann dein Lernstand in den Tests **nicht gespeichert** werden.

Eine Anmeldung ist nur möglich, wenn du dich vorher bei uns registriert hast. Dafür musst du dir einen Benutzernamen und ein Passwort ausdenken und deine E-Mail-Adresse angeben. Dann erhältst du einen Aktivierungslink per E-Mail.

Informationen zu Registrierung und Anmeldung findest du immer unter „**Hilfe**" in unserem Lernportal www.klasse5bis10.klett-lerntraining.de.

Viel Erfolg wünschen dir die Autorin und das Team von Klett-Lerntraining

Erzählen 1

1.1 Lebendig und anschaulich erzählen

Wenn du eine Geschichte erzählst, möchtest du deinen Leserinnen und Lesern das Geschehen **lebendig** und **anschaulich** vor Augen führen. Sie sollen die Handlung miterleben und sich die Personen oder die erfundenen Figuren, von denen du erzählst, genau vorstellen können. Achte darum auf deine **Wortwahl**; sie sollte **abwechslungsreich**, **treffend** und **ausdruckskräftig** sein.

- **Vermeide Wortwiederholungen** (*Er ging* … Dann *ging er* …). Suche im Wörterbuch treffende Ersatzwörter mit gleicher oder ähnlicher Bedeutung (**Synonyme**), insbesondere für häufig gebrauchte Verben wie *gehen*, *sehen*, *machen*, *haben*, *sein*.
- Auch für die Verben *sagen* und *meinen* solltest du viele Synonyme kennen. Mit ihnen kannst du die Redebegleitsätze der wörtlichen Rede anschaulicher gestalten und die Gefühle der Figuren treffender wiedergeben (z. B. *stammelte* statt *sagte / meinte er*).
- Manchmal ist es hilfreich, wenn du Wörter mit entgegengesetzter Bedeutung (**Antonyme**) suchst. So kannst du eine Bedeutung genauer abstufen (*schleichen* statt *rennen / flüstern* statt *schreien*).
- **Adjektive** wirken oft anschaulicher, wenn du ihre Bedeutung verstärkst, z. B. durch **Zusammensetzungen** (*bitterkalt* statt *kalt*, *blitzgescheit* statt *gescheit*). Vermeide ausdruckslose Adjektive wie *schön*, *toll*, *klasse*.

Gestalte auch den **Satzbau** abwechslungsreich: Variiere die Satzanfänge und die Stellung der Redebegleitsätze bei der wörtlichen Rede. Verbinde Sätze mit Hilfe von Konjunktionen und bilde Satzgefüge aus Haupt- und Nebensätzen.

1

Aufgabe 1

Bilde Zusammensetzungen, die die Bedeutung der Adjektive verstärken oder weiter veranschaulichen. Verwende dafür die Wörter und Wortteile, die im Buchstabengitter versteckt sind (waagerecht und senkrecht).

s	t	a	u	o	h	a	u	s
p	b	s	e	t	o	d	**k**	y
e	l	a	b	s	a	l	**e**	b
c	i	m	e	s	s	e	**r**	i
h	t	t	h	e	l	l	**z**	t
u	z	r	z	r	a	u	**e**	t
r	k	l	i	t	z	e	**n**	e
z	u	b	i	e	n	e	n	r
h	i	m	m	e	l	e	a	e

kerzen gerade	____________ weich
____________ blank	____________ scharf
____________ kalt	____________ fleißig
____________ wach	____________ schwarz
____________ schick	____________ alt
____________ hoch	____________ blau
____________ frisch	____________ klein

Aufgabe 2

Welches Wort passt nicht in die Reihe? Kreuze es an.

a) ☐ hell ☐ regnerisch ☐ strahlend ☐ lichterfüllt

b) ☐ flüstern ☐ sprechen ☐ singen ☐ rufen

Aufgabe 3

Bilde aus den Silben Wörter mit gleicher oder ähnlicher Bedeutung (Synonyme).

an – är – ~~Au~~ – be – be – be – ben – big – brau – braucht – chen – da – de – e – en – En – fach – falls – fan – far – ge – ge – gen – ger – gnügt – kannt – ko – kom – lich – mals – mehr – men – misch – nen – öff – sitz – ~~to~~ – un – un – ver

Wagen
Auto

einst
____

bunt
____

neu
____

beginnen
____

auch
____

Schluss
____

haben
____

aufmachen
____

oft
____

witzig
____

fremd
____

benutzen
____

lustig
____

kriegen
____

zornig
____

Aufgabe 4

Finde Wörter mit entgegengesetzter Bedeutung (Antonyme). Ihre Anfangsbuchstaben ergeben das Lösungswort.

1. Morgen ⟷ *Abend*
2. oben ⟷ ____________
3. süß ⟷ ____________
4. fröhlich ⟷ ____________
5. glatt ⟷ ____________
6. jung ⟷ ____________
7. spannend ⟷ ____________
8. außen ⟷ ____________
9. heiter ⟷ ____________
10. trocken ⟷ ____________

Lösungswort: *A*____________

Aufgabe 5

a) **Welche Verben aus dem Cluster passen zu den Zeichnungen auf der rechten Seite? Trage das jeweils passende Verb ein.**

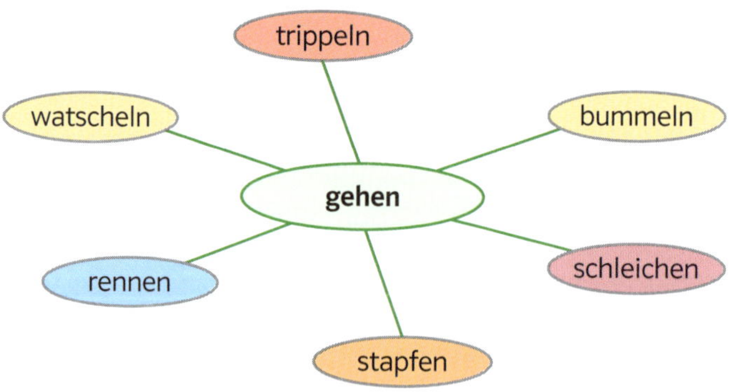

1

2

3

4

b) Findest du noch andere Verben, die zu „gehen" gehören? Schreibe sie auf.

Aufgabe 6

Welche fünf Verben mit gleicher oder ähnlicher Bedeutung fallen dir zu „sehen“ ein? Trage sie ein.

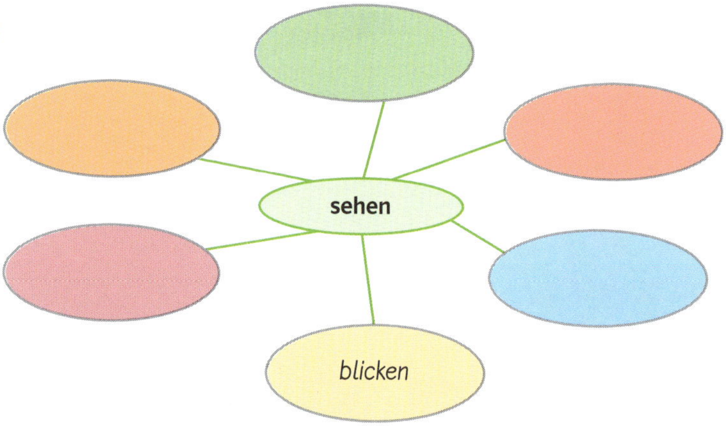

Aufgabe 7

Welches markierte Verb ist das treffendere? Unterstreiche es.

a) „Verflixt“, sagte / schimpfte Pit, „schon wieder habe ich einen Platten!“

b) „Das Knistern im Garten ist unheimlich“, flüsterte / meinte Nele ängstlich.

c) „Du hast wirklich den 1. Platz belegt!“, staunte / fragte Felix anerkennend.

d) „Alle mal herhören!“, seufzte / rief Lea: „Das Training morgen fällt aus!“

e) Lotte wunderte / fragte sich: „Ob ich den Weg ohne Stadtplan finde?“

f) „Morgen muss ich ganz früh aufstehen“, erklärte / behauptete Janne.

g) „Aus dem Weg!“, schrie / bat der Polizist. „Ich verfolge einen Dieb!“

h) „Können wir nicht endlich eine Pause machen?“, erkundigte sich / stöhnte Tommi. „Ich bekomme bestimmt einen Muskelkater!“

Aufgabe 8

Verbinde die Sätze mit passenden Konjunktionen.

Tipp: *Manchmal hast du mehrere Möglichkeiten.*

sodass – als – doch – indem – dann
obwohl – während – denn

a) Luca stand als Erster auf. Er musste seinen Rucksack noch packen.

Luca stand als Erster auf, ______________________________

b) Alle waren enttäuscht. Am nächsten Morgen regnete es.

____

c) Ich suchte Holz fürs Lagerfeuer. Die anderen bauten das Zelt auf.

____

d) Lea hatte ihr Rad angeschlossen. Als sie zurückkam, war es weg.

____

Aufgabe 9

Forme die hervorgehobenen Sätze so um, dass die Satzanfänge abwechslungsreicher klingen.

a) Wir hatten uns mit Vera, unserer besten Freundin, zum Schlittschuhlaufen verabredet. **Wir sahen schon von Weitem die lange Schlange vor dem Eisstadion**.

____

____

____

b) Sven zögerte. **Er fragte die anderen**: „Ob wir nicht doch die Polizei rufen sollten?“ **Er sah ratlos in die Runde**.

____

____

____

1.2 Spannend erzählen und Gefühle ausdrücken

Eine Geschichte, die deine Leserinnen und Leser in den Bann ziehen soll, musst du **spannend** ausgestalten und darum im **Erzählstil** schreiben. Verwende

- **Fragen** und **Ausrufe**, z.B.: *Schlich da nicht jemand durch den Garten? „Da! Hörst du? Wieder dieses Knistern!“*,
- **Vorausdeutungen**, **Andeutungen** oder **unvollständige Sätze**: *Ja, so könnte es klappen, überlegte Sven. / Da musste etwas passiert sein! / „Und du meinst ...?“*,
- bestimmte **Signale**, mit denen du ankündigst, dass gleich etwas Aufregendes passieren wird. Dazu gehören Wörter wie *plötzlich*, *ängstlich*, *vorsichtig*, *unheimlich* oder Sätze wie: *Da passierte es!*.

Tipp: *An einem besonders* ***aufregenden Moment*** *kannst du vom Präteritum ins* ***Präsens*** *wechseln. So nehmen die Leserinnen und Leser unmittelbar am Geschehen teil.*

Wichtig ist auch, dass du die **Gefühle** der Figuren so eindringlich darstellst, dass deine Leserinnen und Leser sie **miterleben** können. Teile darum nicht einfach nur mit, wie sich die Figuren fühlen, sondern führe es vor.

- Stelle z.B. einen **Gesichtsausdruck** oder **Verhaltensweisen** dar: *Ärgerlich kniff er die Lippen zusammen.* (Statt: *Er ärgerte sich.*) Oft kannst du auch auf **Redewendungen** zurückgreifen: *Das Herz schlug ihm bis zum Hals.* (Statt: *Er hatte Angst.*)
- Wähle anschauliche **Verben** und **Adjektive**, die auf die Stimmung und Gefühle der Figuren schließen lassen, z.B. *Mürrisch stapfte er nach Hause.* (Statt: *Er ging nach Hause.*)
- Verwende auch die **wörtliche Rede**, achte aber darauf, dass in den **Redebegleitsätzen** blasse Verben wie *sagen* oder *meinen* nicht zu oft vorkommen. Formulierungen wie *er stammelte*, *stotterte*, *flüsterte* lassen die Figuren lebendiger erscheinen und wirken spannender.
- Wenn du die Gefühle einer Figur in Form ihrer Gedanken wiedergibst, musst du in aller Regel keine Anführungszeichen setzen. Nur wenn du Gedanken wörtlich zitierst, sollten **Anführungszeichen** stehen (*„Hoffentlich komme ich nicht zu spät“, dachte er.*)

Aufgabe 10

Auf welche Weise wird in den vier Texten Spannung erzeugt? Kreuze an.

Tipp: Auf jeden Text treffen mehrere Angaben zu.

A Lucie hielt den Atem an. Da! Wieder dieses Rascheln! Ganz vorsichtig zog sie den Vorhang zurück.

B Aber … Steffen traute seinen Augen nicht. Wie konnte das sein?

C Sie hörten ein Stampfen und Knurren hinter sich. Ängstlich schauten sie zurück. „Was … Was ist denn das?", stammelte Micky.

D So sehr Suse und Ole auch an der Tür rüttelten, sie gab nicht nach. „Von außen verriegelt", stöhnte Suse, „wir sitzen in der Falle." Ratlos sahen sich beide um. „Moment mal!", rief Ole plötzlich, „ich hab eine Idee!"

	A	B	C	D
Ausrufe				
Fragen				
Andeutungen, Vorausdeutungen				
Signale				
Unvollständige Sätze				

Aufgabe 11

Schreibe mit Hilfe der Vorgaben selbst zwei spannende Texte. (Du kannst auch die wörtliche Rede verwenden.)

a) Ich fürchte mich davor, mit der Achterbahn zu fahren.

____

____

____

b) Lissy kam bei der Nachtwanderung im Wald vom Weg ab.

____

____

____

Aufgabe 12

Welche Gefühle werden hier wiedergegeben? Verbinde jeden Satz mit dem zutreffenden Nomen.

a) Enttäuscht ließ er den Kopf hängen.	Angst
b) Sie tänzelte ausgelassen durch den Garten.	Erleichterung
c) Er zog die Stirn kraus und ging hinaus.	Mut
d) Zähneklappernd kauerte er hinter der Hecke.	Traurigkeit
e) Entschlossen betraten sie das unheimliche Haus.	Ärger
f) Sie zögerte und sah sich misstrauisch um.	Spannung
g) Alle atmeten auf, als sie das Ufer erreichten.	Fröhlichkeit
h) Er rutschte aufgeregt auf seinem Stuhl hin und her.	Unsicherheit

Aufgabe 13

Nur einer der Texte schildert Sonjas Gefühle so eindringlich, dass die Leserinnen und Leser sie miterleben können. Kreuze den Text an.

A Sonja freute sich riesig. Sie durfte die großen Ferien zusammen mit ihrer besten Freundin Vanessa auf einem Reiterhof verbringen. ☐

B „Wirklich? Ich darf mit auf den Reiterhof?" Sonja hopste von einem Bein aufs andere. „Oh, das habe ich mir so gewünscht!" Außer sich vor Freude fiel sie ihrer Mutter um den Hals. „Ich werde gleich zu Vanessa radeln", rief sie aufgeregt. „Wir haben ja so viel zu besprechen." ☐

C „Oh", sagte Sonja, „das ist ja toll, da freue ich mich. Ich werde gleich zu Vanessa radeln." ☐

Aufgabe 14

Wähle Wörter aus, die anschaulich machen, wie angespannt die Personen sind. Setze sie in der richtigen grammatischen Form ein und bilde bei Verben das Präteritum.

erwidern – ungeduldig – antworten – vorsichtig – meinen – starren – schauen – springen – rufen – jammern – flüstern – fragen – stehen – freundlich – zögern – gelangweilt – ungläubig

a) „Schnell weg hier!", ___________ Sven aufgeregt.

b) „Ob wir hier je wieder herauskommen?", ___________ Benni ängstlich.

c) ___________ tasteten sie sich voran.

d) Wenn doch nur der Bus käme! ___________ lief sie hin und her.

e) Was war das? Ungläubig ___________ Leo auf den Bildschirm.

f) „Wie soll ich das nur schaffen", ___________ Nele verzweifelt.

g) Willy ___________ . Sollte er sich auf diesen Vorschlag einlassen?

h) Plötzlich ___________ Lukas auf.

i) Konnte das sein? Eva warf Bastian einen ___________ Blick zu.

Aufgabe 15

Lies die kurze Beschreibung.

Als Pit um die Ecke bog, sah er einen großen schwarzen Hund vor dem Eingang zur Bäckerei und traute sich nicht hinein.

Wie mag Pit in diesem Moment wohl zumute gewesen sein? Überlege dir einen kleinen Text, in dem du seine Gefühle und Gedanken wiedergibst.

Oje, ____

____

____

____

____

1.3 Erzählperspektive und der Gebrauch der Zeiten

Bevor du eine Geschichte aufschreibst, musst du überlegen, aus wessen **Blickwinkel** du sie erzählen möchtest. Man spricht oft auch von der **Erzählperspektive**.

Ich-Erzähler

Du erzählst deine Geschichte in der **Ich-Form**, also in der 1. Person Singular (*Ich* traute meinen Augen nicht.). Der Ich-Erzähler ist **am Geschehen beteiligt** und schildert es aus seiner Perspektive. Dabei gibt er seine Eindrücke, Gedanken und Gefühle wieder.
Beachte aber: Der Ich-Erzähler kann nur sein eigenes Befinden wiedergeben, in andere Figuren schaut er nicht hinein. Er kennt ihre Gedanken und Gefühle nicht und kann sie allenfalls aufgrund ihres Verhaltens erschließen.

***Tipp:** Wenn du dir eine Geschichte ausdenkst, kannst du alle Figuren, auch den Erzähler, erfinden. Du kannst deine Geschichte z. B. von einem Jungen erzählen lassen, wenn du ein Mädchen bist, und umgekehrt. Du darfst sogar ein Tier sprechen lassen.*

Er-/Sie-Erzähler

Du erzählst deine Geschichte in der **Er-/Sie-Form**, also in der 3. Person Singular (*Er* traute seinen Augen nicht. / *Sie* traute ihren Augen nicht.). Beim Er-/Sie-Erzähler hast du verschiedene Möglichkeiten.

- Du kannst deine Geschichte aus der **Sicht einer der beteiligten Figuren** erzählen. Achte aber darauf, dass du das Geschehen nur aus der Perspektive dieser Figur erzählst, und gib nur ihre Eindrücke, Gefühle und Gedanken wieder. In andere Figuren kann sie nicht hineinschauen.
- Du kannst die Geschichte auch durch einen Erzähler wiedergeben, der von **außen** auf das Geschehen blickt und **nicht** daran **beteiligt** ist. Dieser Erzähler wird auch der **allwissende Erzähler** genannt, denn er kennt die Gedanken und Gefühle aller Figuren, die in deiner Geschichte vorkommen. Er kennt auch die Handlung, und manchmal greift er mit Vorausdeutungen, Rückblenden oder Kommentaren in die Geschichte ein.

Du schreibst eine Erzählung im **Präteritum**. Wenn du auf ein Geschehen zurückgreifst, das vor der geschilderten Handlung liegt, erzählst du es im **Plusquamperfekt** (Vorzeitigkeit). Vermutungen oder ein Geschehen, das in der Zukunft liegt (Nachzeitigkeit), schilderst du im **Futur**. Verwendest du eine Zeitangabe (*später*, *morgen*), kannst du auf ein künftiges Ereignis auch im **Präsens** verweisen.

Aufgabe 16

Lies die Ausschnitte aus Erzählungen und kreuze in der Tabelle an, um welchen Erzähler es sich jeweils handelt.

A Als wir uns alle zu unserer ersten Theaterprobe in der Aula trafen, war ich sehr aufgeregt. Wie es den anderen wohl erging? Lars wirkte ja ganz gelassen, aber Maja blätterte nervös in ihrem Textheft herum. Vermutlich hatte sie auch Lampenfieber.

B Tim bekam einen Schreck. Durch die Vorhänge fiel plötzlich Licht in sein Zimmer. Auf der Terrasse musste sich der Bewegungsmelder eingeschaltet haben. Aber warum? Waren seine Eltern früher nach Hause gekommen? Nein! Sie hätten das Haus sicher nicht über die Terrasse betreten. „Da kann was nicht stimmen", dachte Tim. Vorsichtig schlich er zum Fenster.

C „Auf dem Kopfsteinpflaster fährt es sich gar nicht bequem", dachte Herr Krause, „ich werde einfach auf dem Gehweg radeln, dort ist ja Platz genug." – „Oh", dachte der Polizist, als er Herrn Krause von Weitem auf sich zu radeln sah, „wieder einen erwischt!"

D Was war nur mit Suse los? Ich setzte mich zu ihr. Traurig ließ sie den Kopf hängen. Hatte sie etwa das Match verloren? Aber nein, überlegte ich, das war unmöglich! Sie hatte doch so viel trainiert! Da musste etwas anderes passiert sein.

E Vor vielen Jahren lebte einmal ein Kaiser, der so große Stücke auf hübsche neue Kleider hielt, dass er all sein Geld ausgab, um nur immer recht geputzt einherzugehen. Er kümmerte sich nicht um seine Soldaten, kümmerte sich nicht um Theater und Waldausflüge, außer wenn es galt, seine neuen Kleider zu zeigen.

	A	B	C	D	E
Ich-Erzähler					
Er-/Sie-Erzähler					

Aufgabe 17

Welche drei Aussagen treffen zu? Kreuze an.

a) ☐ Der Ich-Erzähler kennt die Gedanken und Gefühle aller Figuren.

b) ☐ Der Er-/Sie-Erzähler kann außerhalb des Geschehens stehen und allwissend in jede Figur hineinschauen.

c) ☐ Der Ich-Erzähler kann nur die eigenen Gefühle und Gedanken wiedergeben.

d) ☐ Der Ich-Erzähler ist allwissend.

e) ☐ Der Er-/Sie-Erzähler kann aus der Sicht einer der beteiligten Figuren erzählen.

f) ☐ Der Ich-Erzähler ist nicht am Geschehen beteiligt.

Aufgabe 18

Dieser Text stammt aus einer Erlebniserzählung, die aus der Sicht eines Ich-Erzählers geschrieben werden sollte. An einigen Stellen wechselt die Erzählung jedoch in die Er-/Sie-Form. Unterstreiche diese Sätze und korrigiere sie.

Doch als ich am nächsten Morgen meine Schultasche packen wollte, konnte ich ausgerechnet das Englischheft nicht finden. Hastig suchte ich in den Schreibtischschubladen, im Bücherregal, sogar im Papierkorb sah ich nach. Vergeblich. Das Heft war wie vom Erdboden verschluckt.
Wie konnte das nur sein? Tina überlegte. Hatte sie es vielleicht schon gestern Abend in die Schultasche gesteckt? Schnell durchwühlte sie alle Fächer, aber auch im Ranzen war es nicht. Dabei hatte ich mir so viel Mühe mit den Hausaufgaben gegeben. Würde ich es schaffen, sie heute Morgen noch einmal zu machen? Ich sah auf die Uhr. Nein, in einer Viertelstunde fuhr der Schulbus, den durfte ich nicht verpassen.
Tina nahm ihre Jacke von der Garderobe, schnappte ihren Ranzen und lief los.

____

____

Aufgabe 19

Schreibe die Sätze so auf, dass sie in der angegebenen Zeit stehen.

a) Sie sind froh, denn der Regen lässt endlich nach. → **Präteritum**

Sie waren froh, ...

b) Der Picknickkorb war gepackt, es konnte losgehen. → **Präsens**

c) Eine Reise zum Mars dauert ungefähr neun Monate. → **Futur**

d) Sie haben das Zelt am Abend zuvor aufgebaut. → **Plusquamperfekt**

e) Die Halloween-Party soll um 18.00 Uhr beginnen. → **Präteritum**

f) Ob ihm das Geschenk gefällt? → **Futur**

g) Wie hat er das nur vergessen können? → **Plusquamperfekt**

h) Die Gegend erinnert an eine Mondlandschaft. → **Präteritum**

i) Er hat den Ausflug schon vor Wochen geplant. → **Plusquamperfekt**

Aufgabe 20

Lies diesen Auszug aus einer Erzählung.

„Fertig!“, rief Björn. Erleichtert ließ er sich auf den Rasen plumpsen. Lotte kam aufgeregt herbeigelaufen. „Hier wohnen Lotte und Björn“, las sie stolz vor. „Hängt das Türschild auch wirklich gerade?“ Skeptisch musterte sie die Befestigung. „Klar“, antwortete Björn, „ich hab doch mit der Wasserwaage nachgemessen.“

Endlich war es so weit! In den vergangenen Wochen haben Lotte und Björn jede freie Minute im Garten verbracht, um den alten Schuppen, den ihr Großvater ihnen überlassen hat, wieder herzurichten. Unermüdlich haben sie gehämmert, geschraubt und gesägt – allein für den Innenanstrich verbrauchten sie vier Eimer Farbe! Nun, pünktlich zu Ferienbeginn, konnten sie einziehen. Was ihre Freundinnen und Freunde wohl sagten, wenn sie morgen zur Einweihungsfeier kommen!

Im zweiten Absatz ist die Vor- und Nachzeitigkeit der Ereignisse falsch wiedergegeben. Berichtige den Absatz.

Endlich war es so weit! In den ...

1.4 Aufbau einer Erzählung

Jede Geschichte solltest du so erzählen, dass deine Leserinnen und Leser dem Geschehen aufmerksam folgen können. **Verwirre** sie **nicht** mit unwichtigen Einzelheiten und **erzähle** nur **von einem Erlebnis**. Halte dich einfach an die folgende Gliederung und beachte die Tipps zum Inhalt.

Einleitung

- Führe kurz in die Stimmung und die Ausgangssituation ein.
  Kläre dabei wichtige W-Fragen: **Wer** war beteiligt? (Hauptfiguren) / **Wo** spielte die Handlung? (Ort der Handlung) / **Was** taten die Figuren? (Worum geht es in der Geschichte?). Manchmal musst du auch erwähnen, **wann** sich die Geschichte ereignete.
- Wecke die Neugier der Leserinnen und Leser. Deute z. B. an, dass gleich etwas Aufregendes oder Ungewöhnliches passieren wird. Aber Vorsicht: Nimm nicht zu viel vorweg!

Hauptteil

- Entwickle das Geschehen in **mehreren (mindestens drei) Erzählschritten**.
- Ordne sie **steigernd** an und führe sie langsam zu einem spannenden **Höhepunkt**. Er bildet das Zentrum der Geschichte. Gestalte ihn darum besonders anschaulich aus. Du darfst an dieser Stelle ausnahmsweise auch vom Präteritum ins Präsens wechseln.
  Am Höhepunkt nimmt die Geschichte meist eine **überraschende oder witzige Wendung**, und die Spannung löst sich auf.

Schluss

- Er bezieht sich meist auf den Höhepunkt und soll die Geschichte **kurz abrunden**.
- Erzähle z. B., welche Folgen das Geschehen hatte oder was die Beteiligten daraus gelernt haben. Ebenso kannst du mit einer Bemerkung schließen, die deine Leserinnen und Leser zum Nachdenken anregt oder auch zum Lachen bringt.

Am besten ordnest du schon deine Stoffsammlung, also deine **Notizen** und **Stichworte**, nach diesem Schema. So erhältst du einen gegliederten **Schreibplan**, in dem du nachlesen kannst, wenn du beim Schreiben des Aufsatzes mal nicht weiterkommst.

Aufgabe 21

Unterstreiche die Stichworte, die zu einer Einleitung gehören. Beantworte mit ihrer Hilfe die vier W-Fragen.

alle verbeugen sich – tosender Applaus – Nachmittagsvorstellung um 17.00 Uhr – „Mann, hat der Dompteur ein Glück!" – Zirkuszelt – Sina und ihre beste Freundin Lella suchen ihre Plätze – nächster Auftritt: die Clowns – Plätze in der 1. Reihe – Pferdedressur besonders aufregend

Wer?

Wo?

Was?

Wann?

Aufgabe 22

Welche Einzelheiten, die in der ersten Einleitung erwähnt werden, fehlen in der zweiten? Notiere sie.

A „Beeil dich, sonst verpassen wir den Zug", rief Max. Steffel konnte ihrem Bruder kaum folgen, so dicht war das Gedränge in der Bahnhofshalle. Warum nur musste alle Welt gleich am ersten Ferientag verreisen? Zum Glück kannten beide den Weg, denn sie fuhren nicht zum ersten Mal allein zu den Großeltern aufs Land. Bahnsteig 2, Gleis 4. Der Zug war schon eingefahren. Sie warfen ihre Taschen in einen der Wagen und sprangen schnell hinterher. „Geschafft!" Max atmete auf. „Nun kann nichts mehr schiefgehen!" – Doch da irrte er sich.

B „Beeil dich, sonst verpassen wir den Zug", rief Max. Steffel konnte ihm kaum folgen, so dicht war das Gedränge in der Bahnhofshalle. Zum Glück kannten beide den Weg, denn sie fuhren nicht zum ersten Mal allein aufs Land. Der Zug war schon eingefahren. Sie warfen ihre Taschen in einen der Wagen und sprangen schnell hinterher. „Geschafft!" Max atmete auf. „Nun kann nichts mehr schiefgehen!"

In Einleitung B wird nicht erwähnt, dass …

Aufgabe 23

Zu welchen Aufsatzteilen gehören die folgenden Notizen? Trage jeweils den Oberbegriff ein (Einleitung, Hauptteil, Schluss).

____________________	Raffi sucht in der Schultasche, in den Hosentaschen: Der Fahrradschlüssel ist weg. Er geht den Weg zum Klassenraum zurück, schaut überall nach, fragt Mitschülerinnen und Mitschüler. Schließlich fährt er mit dem Bus nach Hause. Er zieht sich fürs Training um, da fällt der Schlüssel aus der Jackentasche.
____________________	Raffi will alle Schlüssel jetzt immer an einem Band um den Hals tragen.
____________________	Schulschluss. Raffi läuft zum Fahrradständer. Er freut sich aufs Fußballtraining am Nachmittag.

Aufgabe 24

a) **Schau dir Leos Schreibplan für eine Erlebniserzählung an. Bring die Notizen für den Hauptteil in eine spannende Reihenfolge.**

Einleitung
Ein strahlend schöner Sommertag. Ich probierte im Garten mein neues ferngesteuertes Modellflugzeug aus.

Hauptteil

☐ Erzählschritt: Das Flugzeug reagierte nicht. Die Fernsteuerung funktionierte nicht mehr.

☐ Erzählschritt: Testflug. Der Start lief einwandfrei. Ich drehte Kurven, Loopings, alles klappte.

☐ Erzählschritt: Das Flugzeug war verschwunden. Es war über dem Garten der Nachbarn Wunderlich abgestürzt.

b) Lies Leos Schreibplan für den Höhepunkt.
Welche beiden Stichpunkte sollte Leo besonders anschaulich ausarbeiten, damit der Höhepunkt spannend wird? Unterstreiche sie.

- Ausgerechnet die seltsamen Wunderlichs!
- Haben beide immer einen grimmigen Gesichtsausdruck.
- Offenbar keine Menschenfreunde
- Ich klingelte ängstlich.
- Frau Wunderlich und ich schauten im Garten nach.
- Das Flugzeug war mit der Spitze zuerst in eine Mauerlücke gesaust, die gerade mit frischem Zement ausgebessert worden war. Dort war es steckengeblieben.
- Beide Flügel abgebrochen. Nichts mehr zu retten!
- Frau Wunderlich lachte.
- „Das lassen wir einfach so, ein ähnliches Kunstwerk hab ich schon mal in Berlin gesehen."
- Ich machte einen Handabdruck im Zement neben dem Flugzeug.

c) An welcher Stelle nimmt der Höhepunkt eine überraschende Wendung? Unterstreiche auch diese Notizen.

d) Kreuze den Schluss an, der Leos Erzählung besser abrundet.

A ☐ Das war sehr nett von Frau Wunderlich. Wir tranken noch einen Kakao zusammen. Dann bedankte ich mich und ging nach Hause.

B ☐ Das hatte ich wirklich nicht erwartet. Wie freundlich Frau Wunderlich war! Wir tranken noch einen Kakao zusammen, und Frau Wunderlich lud mich ein, mein Kunstwerk morgen meinen Freundinnen und Freunden zu zeigen.
Der erste Eindruck von einem Menschen kann doch sehr täuschen, dachte ich auf dem Nachhauseweg.

1.5 Erlebniserzählung

In einer Erlebniserzählung schilderst du eine Geschichte, die du selbst erlebt hast oder die dir hätte passieren können. Du kannst aber natürlich auch von Erlebnissen anderer erzählen.
In jedem Fall musst du darauf achten, dass deine Geschichte **glaubhaft** wirkt. Lass nur **Figuren** auftreten, die deinen Leserinnen und Lesern auch in der **Wirklichkeit** begegnen könnten. Erfinde **keine sprechenden Tiere** oder **Gegenstände** und male keine **fantastischen Landschaften** aus.

Hier sind die wichtigsten Regeln nochmal aufgeführt.

- Gliedere deine Stoffsammlung und die Erzählung in drei Teile: In der **Einleitung** führst du kurz in die Ausgangssituation ein und beantwortest wichtige W-Fragen (*Wer? Wo? Was? evtl. Wann?*). Im **Hauptteil** entwickelst du das Geschehen in mehreren Erzählschritten. Ordne sie steigernd und führe sie zu einem **Höhepunkt**. Runde deine Erzählung mit einem **Schluss** ab, in dem du dich noch einmal auf den Höhepunkt beziehst und z. B. die Folgen des Geschehens erwähnst.
- Überlege, ob du deine Geschichte aus der **Sicht eines Ich-Erzählers** oder in der **Er-/Sie-Form** erzählen möchtest.
- Schreibe im **Erzählstil** und gestalte deine Geschichte spannend aus. Wähle treffende, aussagekräftige Verben und Adjektive und verwende, wenn möglich, die wörtliche Rede. Vermeide Wortwiederholungen und achte auch auf einen abwechslungsreichen **Satzbau**: Variiere die Satzanfänge, die Stellung der Redebegleitsätze bei der wörtlichen Rede und bilde Satzgefüge.
- Erzähle deine Geschichte im **Präteritum**. An einer besonders **spannenden** Stelle (Höhepunkt) kannst du ins **Präsens** wechseln.

Nun fehlt deiner Erzählung noch eine passende **Überschrift**. Überlege sie dir am besten erst, nachdem du den Aufsatz geschrieben hast. Eine gelungene Überschrift macht deine Leserinnen und Leser neugierig auf die Geschichte und bezieht sich auf den Höhepunkt der Erzählung. Aber Vorsicht: Nimm dabei nicht zu viel vorweg!

Aufgabe 25

Warum gehören diese beiden Texte nicht in eine Erlebniserzählung? Begründe.

A „Jedes Jahr dieselbe Bescherung“, schimpfte Pepe Pieper. Ärgerlich sah er sich um: „Da freut man sich nach einer langen Reise auf ein ordentliches Quartier und findet doch nur Schmutz und Unordnung vor. Tage wird es dauern, bis ich mich hier wieder eingerichtet habe. Die Eichhörnchen haben wirklich vor niemandem Respekt, nicht einmal vor einem Star.“ Wütend flatterte Pepe mit seinen Flügeln.

B Herr Sperling blickte mich durch seine randlose Brille an und nickte freundlich. Er zog ein grünes Notizbuch hervor und schrieb etwas hinein. „Für die Hausverwaltung“, erklärte er, „die Fenster sind in Ordnung.“ Dann verschwand er, und ich sah, wie er mit großen Flügeln zur nächsten Wohnung schwebte.

___

___

___

Aufgabe 26

Welche Überschriften passen am besten zu einer Erlebniserzählung und machen neugierig auf die Geschichte? Kreuze an.

a) ☐ Wie man ein Kaninchen aus dem Hut zaubert
☐ Ein Zaubertrick mit Folgen
☐ 100 Zaubertricks zum Nachmachen

b) ☐ Alte Wanduhr billig abzugeben!
☐ Eine alte Wanduhr
☐ Die geheimnisvolle Wanduhr

c) ☐ Die Spuren verlaufen im Sand
☐ Seltsame Spuren im Sand
☐ Spürhunde im Einsatz

Aufgabe 27

a) **Nane sollte die Erlebniserzählung aus der Sicht eines Ich-Erzählers schreiben. In drei Sätzen wechselt sie aber versehentlich in die Er-/Sie-Form. Unterstreiche die Stellen und korrigiere sie.**

Am vergangenen Freitag hatte sich meine kleine Katze Emmi mal wieder versteckt. Dabei mussten wir gleich zum Tierarzt! Überall suchte ich nach ihr: im Wäschekorb, hinter dem Schuhschrank, im Bücherregal. Selbst unter der Wohnzimmercouch sah Nane nach, aber Emmi war wie vom Erdboden verschluckt. Ratlos schaute ich mich um, bis mein Blick auf die Terrassentür fiel. Na klar! Warum hatte ich nicht gleich daran gedacht. Die Tür stand offen, Emmi war sicher in den Garten entwischt.
Ich holte schnell ihren Fressnapf und einen Löffel aus der Küche und lief hinaus. „Emmi", rief Nane, „komm, es gibt dein Lieblingsfutter!" Dazu schlug sie mit dem Löffel ans Näpfchen. Mit diesem Trick hatte ich Emmi schon oft überlistet, und bald hörte ich sie auch miauen. Aber wie kläglich ihr Mauzen klang! Und – konnte das denn sein? – es kam aus den Bäumen! Erschrocken sah ich hinauf. Tatsächlich, hoch oben im Ahornbaum balancierte Emmi auf einem der Äste hin und her. Sie tastete sich unsicher zum Baumstamm vor, kaum hatte sie ihn erreicht, wich sie wieder zurück. Bestimmt traute sie sich nicht mehr herunter. Woher sollte eine junge Katze auch wissen, wie das geht? Erst erfahrene Katzen lernen, dass sie einen Baum am besten rückwärts herunterklettern, das hatte ich mal in einer Tiersendung gehört. Wieder mauzte Emmi, diesmal noch kläglicher als zuvor. Sie hatte Angst, so viel stand fest. Was sollte ich nur tun?
Da fragte mich unser Nachbar, Herr Löffle, was passiert sei. Ich erklärte ihm alles und fragte, ob wir die Feuerwehr holen sollten. Er meinte, dass das nicht nötig sei. Offenbar hatte er eine Idee.

Tipp: Verwende auch die wörtliche Rede.

b) **Der letzte Absatz ist nicht im Erzählstil geschrieben. Schreibe ihn so um, dass er besser in eine Erlebniserzählung passt.**

c) **Lies den Höhepunkt, den Nane für ihre Erzählung geschrieben hat. Welche Stellen sind besonders spannend und könnten auch im Präsens stehen? Unterstreiche sie.**

Herr Löffle lief in seinen Schuppen und kam mit einer großen Leiter zurück. „Ich benutze sie immer, wenn ich meine Regenrinnen reinige“, sagte er und lehnte sie an den Baum, auf dem Emmi saß. Mit aufgestellten Ohren beobachtete sie, wie Herr Löffle vorsichtig zu ihr hinaufkletterte. Er hatte eben die Mitte der Leiter erreicht, da balancierte Emmi wieder auf den Baumstamm zu. „Na also“, sagte Herr Löffle, „sie kommt mir ja schon entgegen.“ Doch da kannte er meine Emmi schlecht! Am Baumstamm angelangt, wartete sie nicht etwa auf ihren Retter, im Gegenteil, sie kletterte immer höher. Am liebsten hätte ich weggesehen, solche Angst hatte ich um sie. „Oje“, sagte Herr Löffle, „das wird schwierig.“ Langsam stieg er weiter hinauf, bis er Emmi endlich einholte. Er hielt sich mit der rechten Hand an der Leiter fest, mit der linken wollte er gerade nach ihr greifen, da ging plötzlich alles blitzschnell: Rasch hangelte sich Emmi rückwärts am Baumstamm hinunter. Unten angekommen schüttelte sie sich kräftig, dann flitzte sie zur Terrassentür und verschwand im Haus.

d) **Überlege dir einen Schluss, der diese Erlebniserzählung abrunden könnte, und schreibe ihn auf.**

e) **Finde eine Überschrift, die zu dieser Geschichte passt.**

1.6 Fantasieerzählung

Für eine Fantasieerzählung darfst du dir eine ganz **fantastische Geschichte** ausdenken: Du kannst **sprechende Tiere**, **Pflanzen** oder **Gegenstände** auftreten lassen, du darfst **Figuren** und **unglaubliche Ereignisse erfinden** oder auch einen **Traum** erzählen. Darin unterscheidet sich eine Fantasiegeschichte von der wirklichkeitsnahen Erlebniserzählung. Im Übrigen gelten aber für beide Arten des Erzählens dieselben Regeln.

- **Gliedere** deine Stoffsammlung und die Erzählung in drei Teile: In der **Einleitung** führst du kurz in die Ausgangssituation ein und beantwortest wichtige W-Fragen (*Wer? Wo? Was?*). Bei einer Fantasiegeschichte, die du in der Zukunft spielen lässt, ist oft auch die Zeitangabe wichtig (*Wann?*). Im **Hauptteil** entwickelst du das Geschehen in mehreren Erzählschritten. Du ordnest sie steigernd an und führst sie zu einem **Höhepunkt**. Runde deine Erzählung mit einem **Schluss** ab, in dem du dich noch einmal auf den Höhepunkt beziehst und z.B. die Folgen des Geschehens erwähnst.
- Damit die Leserinnen und Leser deiner Geschichte aufmerksam folgen können, darfst du sie **nicht verwirren**. Erfinde darum nicht zu viele Figuren, zwei bis drei reichen.
- Du kannst deine Geschichte aus der **Sicht eines Ich-** oder eines **Er-/Sie-Erzählers** erzählen.
- Schreibe eine Fantasiegeschichte im **Erzählstil** und gestalte sie spannend aus. Wähle treffende, aussagekräftige Verben und Adjektive und verwende vor allem am Höhepunkt die wörtliche Rede. Gestalte deine Sprache und den Satzbau abwechslungsreich: Vermeide Wortwiederholungen, variiere die Satzanfänge, die Stellung der Redebegleitsätze bei der wörtlichen Rede und bilde Satzgefüge.
- Erzähle im **Präteritum**. An besonders spannenden Stellen, z.B. am Höhepunkt, darfst du ins Präsens wechseln.
- Gib deiner Erzählung eine **Überschrift**, die zu der Geschichte passt und die deine Leserinnen und Leser neugierig macht. Beziehe dich dabei am besten auf den Höhepunkt, nimm aber nicht zu viel vorweg.

Aufgabe 28

Welche Überschriften passen zu einer Fantasieerzählung? Kreuze sie an.

a) ▢ Mein schönstes Ferienerlebnis

b) ▢ Die sprechende Truhe

c) ▢ Die Geburtstagsüberraschung

d) ▢ Mein erster Ausflug ins All

e) ▢ Die verzauberte Geige

f) ▢ Eine Schnitzeljagd mit Hindernissen

g) ▢ Ein Roboter packt aus

Aufgabe 29

Beantworte die Aussagen mit Ja oder Nein.

	Ja	Nein
a) Eine Fantasieerzählung muss nicht glaubwürdig sein.		
b) Sie wird immer im Präsens erzählt.		
d) Sie hat keinen Höhepunkt.		
e) Du darfst auch Träume erzählen.		
f) Sie wird in drei Teile gegliedert (Einleitung, Hauptteil, Schluss).		
g) Sie darf keine wörtliche Rede enthalten.		
h) Es können sprechende Tiere, Pflanzen oder Gegenstände vorkommen.		
i) Sie handelt oft von fantastischen und unwahrscheinlichen Ereignissen.		

Aufgabe 30

a) Lies diese Einleitung zu einer Fantasiegeschichte und beantworte anschließend die W-Fragen.

4. Juli 2089. Ich war Astro-Lehrling auf dem Schul-Raumschiff Pluto 5. Ich hatte einen wichtigen Tag vor mir. Ich sollte zum ersten Mal Außenarbeiten durchführen. Ganz allein! Eine große Ehre für einen Astronauten im ersten Lehrjahr! Ich scrollte noch einmal alle elektronischen Handbücher durch, übte wichtige Handgriffe, kontrollierte meinen Raumanzug. Ich war bestens vorbereitet für den ersten Ausflug ins All, fand ich. Das war ein Irrtum.

Wer? ______________________________

Wo? ______________________________

Wann? ______________________________

Was? ______________________________

b) Der Text enthält alle Angaben, die für eine Einleitung wichtig sind. Allerdings klingt er noch recht langweilig. Warum?

____

____

c) Schreibe diese Einleitung so um, dass sie spannender und abwechslungsreicher klingt. Achte auf den Satzbau. Du kannst so beginnen:

Es geschah am ______________________________

____

____

____

____

____

d) Schau dir die Notizen für den Hauptteil dieser begonnenen Fantasiegeschichte an. Ordne sie den Erzählschritten zu und achte darauf, dass sich dabei eine Steigerung ergibt.

- Es kam direkt auf mich zu.
- Kollegen passten gut auf und halfen mir.
- Ich wollte die Verklinkung meiner Sicherungsleine prüfen.
- Ich sah ein grelles Licht.
- Der Ausstieg klappte ohne Schwierig keiten.
- Ich erkannte eine Gestalt in einem langen weißen Gewand.

1. Erzählschritt:

2. Erzählschritt:

3. Erzählschritt:

e) Schreibe mit Hilfe der folgenden Stichpunkte einen Höhepunkt für diese Erzählung.

Ein Astro-Gespenst! – Sein greller Schein blendete mich. – Ich schrie aus Leibeskräften. – Ich verlor den Halt und schwebte frei im All. – Hatte das Gespenst die Sicherungsleine übernommen? – Die Ausstiegsluke öffnete sich. – meine Kollegen Linda und Lasse – Linda blieb auf dem Raumschiff. – Lasse schwebte in meine Richtung. – Er war angekoppelt, schoss mir mit Raumharpune ein Rettungsseil zu. – zwei Fehlversuche – Dann bekam ich es zu fassen. – Ich koppelte mich an. – Linda zog mich an Bord.

Aufgabe 31

Überlege dir einen passenden Schluss für die Erzählung und schreibe ihn auf.

Aufgabe 32

Finde eine Überschrift für die Geschichte.

1.7 Reizwortgeschichte – Erzählkern – Weitererzählen eines Erzählanfangs

Bei diesen drei Aufsatzformen schreibst du eine Erzählung anhand bestimmter **Vorgaben**.

Reizwortgeschichte

Dir werden einige (meist drei) **Begriffe** vorgegeben. Sie haben den Charakter von Stichworten, die den Kern einer Geschichte in aller Kürze wiedergeben. Überlege dir, welche Handlung sich aus den Begriffen entwickeln lässt, und gestalte sie zu einer spannenden Geschichte aus. Achte darauf, dass die Begriffe in deiner Geschichte **wörtlich** vorkommen.

Ausgestaltung eines Erzählkerns

Du erhältst die kurze **Zusammenfassung** eines Geschehens z. B. in Form einer Zeitungsmeldung. Mit Hilfe der Informationen, die du dieser Mitteilung entnehmen kannst, schreibst du eine Erzählung. Bevor du mit deinem Aufsatz beginnst, überlegst du dir am besten, welche Antworten auf die wichtigen W-Fragen gegeben werden (*Wer? Wann? Wo? Was geschah?*) und welche der Informationen du als Höhepunkt ausgestalten kannst.

Weitererzählen eines Erzählanfangs

Du bekommst den **Anfang** einer Erzählung und sollst die Geschichte fantasievoll und mit deinen eigenen Ideen zu Ende erzählen. Dabei musst du dich nicht fragen, wie sich der Autor den weiteren Verlauf der Geschichte vorgestellt haben mag. Achte nur darauf, dass die **Figuren**, die am Anfang eine Rolle spielen, auch in deiner Geschichte vorkommen. Behalte ebenso das **Tempus** und die **Erzählperspektive** bei. Am besten machst du dir die **Ausgangssituation** klar, die mit dem Anfang vorgegeben wird (*Was geschieht? Wo / Wann geschieht es? Wie stehen die Figuren zueinander? Werden spannende Andeutungen oder Vorausdeutungen auf das weitere Geschehen gemacht?*). So erhältst du wichtige Hinweise, die dir beim Schreiben deiner eigenen Geschichte helfen werden.

Denk bei allen drei Aufgabenstellungen daran: Dein Aufsatz muss im **Erzählstil** geschrieben sein und die **Form** einer **Erzählung** haben (Einleitung, Hauptteil mit Höhepunkt, Schluss).

Aufgabe 33

Tanja soll mit Hilfe der drei Reizwörter eine Erlebniserzählung schreiben. Sie hat ihre Einfälle in einem Cluster geordnet.

Dachziegel – Blechdose – Schmuck

Welche zwei Notizen im Cluster passen noch nicht so gut zu den Reizwörtern? Verbessere sie.

Notiz ____________ besser: ______________________________

Notiz ____________ besser: ______________________________

Aufgabe 34

Die folgende Mitteilung könnte einer Tageszeitung entnommen sein und den Erzählkern für eine Erlebniserzählung bilden. Lies sie zunächst genau durch.

BERNSTEINHAUSEN. Am Ostermontag musste die Polizei ein Krokodil einfangen, das über den Gehweg der Bahnhofsstraße spazierte. Es war aus dem Zirkus ausgebrochen, der gerade auf der großen Festwiese sein Zelt aufgeschlagen hatte. Mit einigen Tricks gelang es der Polizei, den ca. ein Meter langen Mississippi-Alligator am Maul zu fesseln und abzutransportieren. Solch gefährliche Wildtiere sollten artgerecht und nicht in Zirkussen gehalten werden, mahnte eine Tierschützerin. Die Polizei war von der elfjährigen Reni M. informiert worden. Sie geriet auf dem Weg zu ihrer Freundin unter die Schaulustigen. Während alle um sie herum noch rätselten, was es mit dem Tier auf sich haben könnte, erkannte sie die Gefahr sofort und griff zu ihrem Handy.

a) **Welche Informationen, die für eine Erzählung wichtig sind, enthält diese Mitteilung? Schreibe sie mit Hilfe der W-Fragen heraus.**

Wer war am Geschehen beteiligt?

____

____

Wann ereignete es sich?

____

Wo ereignete es sich?

____

Was geschah?

____

____

b) **Nimm an, du sollst die Erzählung aus dem Blickwinkel eines Polizisten erzählen, der am Geschehen beteiligt war. Welches Ereignis müsstest du aus seiner Sicht besonders spannend ausgestalten? Unterstreiche die Zeilen im Text.**

Aufgabe 35

Lies den Text. Es ist der Anfang einer Fantasieerzählung, die du weitererzählen sollst.

Im vergangenen Jahr, am 18. Juni 2050, arbeitete ich erst kurze Zeit bei der Firma Robo Zauber. Mein Chef Mr. Magic war ein genialer Erfinder. Er stellte Roboter aller Arten her, für die er schon viele Preise bekommen hatte. An diesem Abend war er verabredet, und während seiner Abwesenheit sollte ich die Werkhalle aufräumen. Ich sah mich um. Da war einiges zu tun, aber Bobby II., das Universaltalent unter Mr. Magics Neuentwicklungen, war noch eingeschaltet. „Das passt gut", dachte ich, „dann kann er mir beim Aufräumen helfen." Ich drückte auf der Schalttafel die Taste „Ordnen und Sortieren", und sofort setzte sich Bobby in Bewegung. Mit ruckartigen Blicken erfasste er das Durcheinander, dann schnarrte er kurz, brummte 2 Sekunden und legte los. …

a) Musst du die Geschichte aus dem Blickwinkel eines Ich-Erzählers oder eines Er-/Sie-Erzählers fortsetzen? Schreibe die richtige Bezeichnung auf.

____

b) Der Anfang der Erzählung ist in der Zeitstufe der Vergangenheit geschrieben. In welchem Tempus musst du die Geschichte weitererzählen?

☐ im Futur ☐ im Präteritum ☐ im Präsens

c) Fasse die Ausgangssituation kurz mit deinen eigenen Worten zusammen. Schreibe deinen Text auf.

d) Überlege dir nun, welche Teile der Erzählung noch fehlen, und schreibe die Geschichte zu Ende.

e) Gib deiner Erzählung eine passende Überschrift.

____

1.8 Nacherzählung

Mit einer Nacherzählung gibst du eine Geschichte, die du gelesen hast oder die dir vorgelesen worden ist, in deinen **eigenen Worten** wieder.
Dabei musst du die Geschichte so erzählen, wie sie sich im Original zugetragen hat: **Übernimm** die **Figuren**, die **Orte** und die **Handlung** in ihren **Grundzügen**. Erzähle die Geschichte in der **Reihenfolge** des Originals und achte auch darauf, dass das **Ende** deiner Erzählung mit der Vorlage übereinstimmt.

Damit du nichts Wichtiges vergisst, notierst du dir am besten, welche Antworten die Originalgeschichte auf die folgenden W-Fragen gibt:

- **Wann** ereignete sich die Geschichte?
- **Wo** ereignete sie sich?
- **Wer** war beteiligt?
- **Was** ist geschehen?
- **Wie** ist es genau geschehen?
- **Warum** ist es passiert?

Deine Erzählung darf kürzer sein als das Original. Du musst auch nicht auf jede Einzelheit der Vorlage eingehen. Erzähle die Geschichte aber so genau nach, dass deine Leserinnen und Leser der Handlung aufmerksam folgen können.

Meist sind Erzählungen, die du nacherzählen sollst, dreigliedrig aufgebaut. Du kannst dich also bei der Stoffsammlung und deinem Aufsatz am bekannten Schema orientieren: Führe in der **Einleitung** kurz in die Ausgangssituation ein. Im **Hauptteil** schilderst du das Geschehen in mehreren Erzählschritten, die du steigernd auf einen Höhe- und Wendepunkt hinführst. Am **Schluss** rundest du deine Nacherzählung im Sinne der Originalgeschichte ab.

Eine Nacherzählung schreibst du im **Erzählstil**. Schildere die Figuren und das Geschehen lebendig und so anschaulich, dass sich deine Leserinnen und Leser die Geschichte gut vorstellen können. Wichtige Sätze (z. B. Zauberformeln o. ä.) darfst du wörtlich aus der Vorlage übernehmen.

Denk immer daran, dass du bei einer Nacherzählung **nichts hinzuerfinden** darfst. Behalte auch die **Erzählperspektive** und die **Zeitform** (meistens **Präteritum**) der Originalgeschichte bei.

Aufgabe 36

Es gibt viele Erzählungen über Don Quichote, den armen spanischen Edelmann, der sich einbildete, ein Ritter zu sein, obwohl es doch zu seiner Zeit gar keine Ritter mehr gab. Lies diese berühmte Geschichte, die im Spanien des 16. Jahrhunderts spielt. Zusammen mit seinem Gefährten Sancho Pansa erlebt Don Quichote ein seltsames Abenteuer.

Eines Abends näherten sich Don Quichote und Sancho Pansa einem Hügel, auf dem dreißig bis vierzig Windmühlen standen. Da stellte sich Don Quichote in die Steigbügel und rief: „Siehst du die Riesen auf dem Hügel?" Sancho Pansa kaute gerade etwas Brot und Schinken und sagte: „Riesen? Auf dem Hügel? Ich sehe nur Windmühlen!" „Riesen!", rief der Ritter. „Und jeder hat vier Arme!" „Nein", sagte Sancho Pansa kauend. „Es sind Windmühlen und jede hat vier Flügel!"
Doch da legte sein Herr und Gebieter auch schon die Lanze ein, rief zum Hügel „Im Namen meiner Herrin, der Dame Dulzinea von Toboso, ergebt euch!" und gab seinem Pferd Rosinante die Sporen.
Als Don Quichote die erste Windmühle erreicht und die Lanze voller Wucht in einen Windmühlenflügel gebohrt hatte, kam plötzlich ein Wind auf. Die Flügel begannen sich zu drehen. Die Lanze zersplitterte. Und Ross und Reiter flogen in hohem Bogen durch die Luft und ins Feld. Dort blieben beide liegen, als hätten sie sämtliche Knochen gebrochen! Sancho Pansa trabte erschrocken auf seinem Esel näher und rief schon von Weitem: „Habt ihr große Schmerzen?" Da setzte sich Don Quichote mühsam auf und sagte stolz: „Ritter haben keine Schmerzen. Und wenn sie doch einmal welche haben, klagen sie nicht." „Wie gut, dass ich kein Ritter bin!", rief Sancho Pansa und half Ross und Reiter auf die Beine. […]
An diesem Abend blieb Don Quichote noch lange wach. Er grämte sich über seine Niederlage und träumte von neuen, aber erfolgreicheren Taten.

Nach einer Fassung von Erich Kästner (1899–1974) erzählt

Beantworte die W-Fragen schriftlich.

Wann?	*an einem Abend im 16. Jahrhundert*	Was? …
Wo?	*in Spanien*	Wie? …
Wer?	…	Warum? …

Aufgabe 37

Auch in dieser Episode erleben Don Quichote und Sancho Pansa eine abenteuerliche Geschichte. Lies sie genau und bearbeite anschließend die Aufgaben.

Einige Zeit ging alles gut. Don Quichote blieb zu Hause und erholte sich vom letzten Abenteuer, während Sancho Pansa ihn täglich besuchte. Sie steckten die Köpfe zusammen, tuschelten miteinander, zwinkerten sich zu – und eines schönen Tages waren sie wieder verschwunden. [...]

Sie waren auf dem Weg nach Saragossa, als sie den Fluss Ebro erreichten und dort am Ufer ein einsames Fischerboot fanden. „Siehst du die prunkvolle Barke*?“, fragte der Ritter. „Nein“, antwortete Sancho Pansa, „ich sehe ein Fischerboot, nichts weiter.“ „Die Barke schickt uns ein Zauberer, damit wir sie besteigen und einen gefangenen König oder eine Prinzessin befreien!“

Sancho Pansa half kein Sträuben. Sie banden Pferd und Esel an eine Weide, kletterten in das Boot und trieben auf den Fluss hinaus.

Da sie keine Ruder bei sich hatten, machte die Strömung mit dem Boot, was sie wollte. Und weil in der Nähe eine Wassermühle mit ihren Schaufelrädern arbeitete, geriet das Boot unaufhaltsam in den Sog des Mühlwassers. Don Quichote rief: „Siehst du die Wasserburg?“, sprang auf, dass das Boot fast gekentert wäre, und zog sein Schwert. „Es ist eine Mühle“, sagte Sancho Pansa, „und wir werden unter die Räder kommen!“

Inzwischen waren die Müller mit langen Stangen und Rudern vor die Mühle gelaufen, um das Boot, wenn es den Schaufelrädern zu nahe käme, zurückzustoßen. Die Müller hatten vom Mehl weiße Gesichter und sahen wie Gespenster aus. Don Quichote fuchtelte mit dem Schwert und rief: „Gebt eure Gefangenen frei! Den König oder die Prinzessin, oder wer es sonst ist!“ Und schon schlug er wie ein Besessener auf die Ruder und Stangen los, mit denen die Müller das Boot vor dem reißenden Strudel bewahren wollten. Dabei kenterte das Boot. Der Ritter und Sancho Pansa fielen ins Wasser. Und sie wären wie die Mäuse ertrunken, wenn nicht ein paar Fischer gekommen wären, die das gestohlene Boot suchten. Sie zogen die zwei Schiffbrüchigen aus dem Wasser und mussten zusehen, wie Don Quichotes Barke unter die Schaufelräder der Mühle geriet und zu Kleinholz verarbeitet wurde.

Sancho Pansa musste die Reisekasse zücken. Die Fischer ließen sich das Boot teuer bezahlen. Erst dann brachten sie das seltsame Paar ans Ufer zurück, wo Pferd und Esel geduldig an der Weide warteten.

Nach einer Fassung von Erich Kästner (1899–1974) erzählt

* Mit einer Barke meint Don Quichote ein prunkvoll ausgestattetes Boot, auf dem früher Könige, Fürsten oder andere adelige Personen gefahren sind.

a) Wo beginnen und enden die einzelnen Abschnitte dieser Erzählung? Trage die Zeilen ein. Schreibe dann in Stichworten oder kurzen Sätzen auf, was in jedem Abschnitt passiert.

Einleitung:	Zeile		bis		*Don Quichote …*
1. Erzählschritt:	Zeile		bis		…
2. Erzählschritt:	Zeile		bis		…
3. Erzählschritt:	Zeile		bis		…
Höhepunkt:	Zeile		bis		…
Schluss:	Zeile		bis		…

b) Bestimme die Zeitform (Tempus) dieser Geschichte und gib an, welcher Erzähler spricht. Wähle die beiden richtigen Antworten aus und trage sie unten ein.

Ich-Erzähler

Futur

Präsens

Perfekt

Er-/Sie-Erzähler

Präteritum

Tempus: ______________________

Erzähler: ______________________

c) Erzähle die Geschichte mit Hilfe deiner Notizen nach. Behalte das Tempus und den Erzähler des Originals bei.

Aufgabe 38

Welche Überschrift passt am besten zu dieser Erzählung?

a) ☐ Don Quichotes Barke

b) ☐ Wasserburg und Wellenbad

c) ☐ Ein Diebstahl mit Folgen

1.9 Literarische Texte umwandeln und fortsetzen

Bei diesen beiden Aufsatzformen arbeitest du auf der Grundlage literarischer Vorlagen, die du mit eigenen Ideen weiter ausgestaltest.

- **Literarische Texte umwandeln:**
  Du **veränderst** die **Form** einer literarischen Vorlage. Zum Beispiel wandelst du ein Gedicht in eine Erlebnis- oder Fantasieerzählung um.
- **Literarische Texte fortsetzen:**
  Du **ergänzt** einen literarischen Text, indem du ihn selbst zu **Ende** schreibst.

Die folgenden Tipps gelten **für beide Aufsatztypen**.

- **Verändere** die **Grundsituation** des Originals **nicht**.
- **Übernimm** die **Figuren** und sieh dir genau an, was im Text über sie gesagt oder angedeutet wird (*Wie verhalten sie sich? Warum verhalten sie sich so? Was denken und fühlen sie und warum? Was wird über ihren Charakter gesagt?*).
- In der Regel behältst du das **Tempus** und die **Perspektive** des literarischen Originals bei. Lies aber die Aufgabenstellung genau, sie gibt vor, ob du in einer anderen Zeitform oder aus dem Blickwinkel einer anderen Figur schreiben sollst.
- Wenn du die Vorlage aus der Sicht einer Figur, die am Geschehen beteiligt ist, fortsetzt oder wiedergibst, versetze dich in deren Lage. Schildere nur, was sie sehen und wissen kann.

Wandelst du einen Text in eine **Erlebnis-** oder **Fantasieerzählung** um, achte darauf, dass dein Aufsatz im **Erzählstil** geschrieben ist und die **Form** einer **Erzählung** hat (Einleitung, Hauptteil mit Höhepunkt, Schluss).

Wenn du einen literarischen Text zu Ende schreibst, darf deine **Fortsetzung** vom Schluss der Originalgeschichte abweichen. Sie sollte aber **zur** vorhergehenden **Handlung passen** und sie zu einem **sinnvollen Ende** führen.

Aufgabe 39

Lies das Gedicht.

Im Park
Ein ganz kleines Reh stand am ganz kleinen Baum
Still und verklärt wie im Traum.
Und war des Nachts elf Uhr zwei.
Und dann kam ich um vier
Morgens wieder vorbei,
Und da träumte noch immer das Tier.
Nun schlich ich mich leise – ich atmete kaum –
Gegen den Wind an den Baum,
Und gab dem Reh einen ganz kleinen Stips.
Und da war es aus Gips.

Joachim Ringelnatz (1883–1934)

Welcher dieser drei Vorschläge gibt das Wort „verklärt“ (Verszeile 2) am treffendsten wieder? Kreuze ihn an.

Tipp: *Du kannst auch in einem Wörterbuch nachschlagen, wenn du unsicher bist.*

a) ☐ Still und **weggetreten** wie im Traum

b) ☐ Still und **glücklich** wie im Traum

c) ☐ Still und **ängstlich** wie im Traum

Aufgabe 40

Wandle das Gedicht in eine Fantasie- oder Traumerzählung um. Überlege dir vorher, welche Verse du als Höhe- und Wendepunkt ausgestalten musst.

Höhe- und Wendepunkt: Vers ______ bis ______

Behalte die Ich-Form bei und erzähle im Präteritum. Schreibe deinen Text auf.

Aufgabe 41

Bestimmt hast du schon Geschichten über Till Eulenspiegel gehört oder gelesen. Er zog von Ort zu Ort und nahm allerlei Arbeiten an, mit denen er den Menschen so manchen Streich spielte. Lies diesen Anfang einer Eulenspiegel-Geschichte und bearbeite dann die Aufgaben.

Wie Eulenspiegel einem Esel das Lesen beibrachte

Eine Zeit lang beschäftigte sich Eulenspiegel damit, dass er von Universität zu Universität zog, sich überall als Gelehrter ausgab und die Professoren und Studenten neckte. Er behauptete, alles zu wissen und zu können. Und er beantwortete tatsächlich sämtliche Fragen, die sie ihm vorlegten.
Bei dieser Gelegenheit kam er schließlich nach Erfurt. Die Erfurter Studenten und ihr Rektor hörten von seiner Ankunft und zerbrachen sich den Kopf darüber, mit welcher Aufgabe sie ihn hereinlegen könnten.
Endlich fiel ihnen etwas Passendes ein. Sie kauften einen Esel, bugsierten das störrische Tier in den Gasthof „Zum Turm“, wo Eulenspiegel wohnte, und fragten ihn, ob er sich zutraue, dem Esel das Lesen beizubringen.
„Selbstverständlich“, antwortete Till. „Doch da so ein Esel ein dummes Tier ist, wird der Unterricht ziemlich lange dauern.“
„Wie lange denn?“, fragte der Rektor der Universität.
„Schätzungsweise zwanzig Jahre“, meinte Till. Und hierbei dachte er sich: Zwanzig Jahre sind eine lange Zeit. Bis dahin stirbt vielleicht der Rektor. Dann geht die Sache gut aus. Oder ich sterbe selber. Oder der Esel stirbt und das wäre das Beste.
Der Rektor war mit den zwanzig Jahren einverstanden. Eulenspiegel verlangte fünfhundert alte Groschen für seinen Unterricht. Man gab ihm einen Vorschuss und ließ ihn mit seinem vierbeinigen Schüler allein.
Till brachte das Tier in den Stall. In die Futterkrippe legte er ein großes altes Buch und zwischen die ersten Seiten des Buches legte er Hafer. Das merkte sich der Esel. Und um den Hafer zu fressen, blätterte er mit dem Maul die Blätter des Buches um. War kein Hafer mehr zu finden, rief der Esel: „I – a, i – a!“ Das fand Eulenspiegel großartig, und er übte es mit dem Esel wieder und wieder.
Nach einer Woche ging Till zu dem Rektor und sagte: „Wollen Sie bei Gelegenheit einmal mich und meinen Schüler besuchen?“
„Gern“, meinte der Rektor …

Nach einer Fassung von Erich Kästner (1899–1974) erzählt

Gib an, auf welche Zeilen im Text sich die folgenden Aussagen beziehen.

Einleitung: Es wird erzählt, dass sich Till Eulenspiegel als Gelehrter ausgab und Professoren und Studenten veralberte.	Zeile	*1*	bis	
1. Erzählschritt: Till kam nach Erfurt, wo ihn die Studenten und ihr Rektor hereinlegen wollten. Sie stellten ihm die Aufgabe, einem Esel das Lesen beizubringen.	Zeile		bis	
2. Erzählschritt: Till wollte die Aufgabe erledigen und erhielt einen Vorschuss.	Zeile		bis	
3. Erzählschritt: Till unterrichtete den Esel.	Zeile		bis	

Aufgabe 42

a) **Beschreibe mit eigenen Worten, wie Till den Esel trainierte.**

b) **Überlege dir eine Fortsetzung für diese Geschichte. Stelle dir dabei auch die folgenden Fragen:**

- Warum lädt Till den Rektor schon nach einer Woche wieder ein?
- Werden es die Erfurter schaffen, Till Eulenspiegel hereinzulegen?

Schreibe im Präteritum und behalte die Er-/Sie-Form bei.

„Gern", meinte der Rektor …

1.10 Bildergeschichte

Eine Bildergeschichte erzählst du meist auf der Grundlage einer Bilderfolge. Dabei soll deine Geschichte vom Geschehen, das in den Bildern dargestellt ist, nicht abweichen. Schau also genau hin und beachte folgende Tipps.

Stoffsammlung anlegen

- Notiere für jedes Bild stichwortartig, **wer** zu sehen ist und **was** die Figuren tun. Halte Besonderheiten fest (z. B. Aussehen, Kleidung) und achte auch auf die **Körperhaltung**, die **Gesten** und den **Gesichtsausdruck** der Figuren. Oft kannst du daran erkennen, wie sie sich fühlen, was sie denken und wie sie zueinander stehen.
- Schreibe auf, **wo** und **wann** die einzelnen Szenen spielen.
- Überlege, welche Bedeutung auffällige **Gegenstände** haben.
- Manchmal musst du die Geschichte **sinnvoll ergänzen**. Notiere vor allem, was sich **zwischen** den **Bildern** ereignet haben muss (Überleitungen).
- Überlege, welche Szenen den **Höhepunkt** der Geschichte darstellen.

Erzählung schreiben

- Erzähle deine Geschichte in der Reihenfolge der Bilder und gliedere deinen Aufsatz in drei Teile:
  Einleitung: Führe kurz in das Geschehen ein. Erwähne, **wer** beteiligt ist. Du kannst den Figuren auch Namen geben. Erzähle, **wo** und **wann** sich die Geschichte ereignet.
  Hauptteil: Schildere im Einzelnen, **was** geschieht, und stelle dabei einen Zusammenhang zwischen den Bildern her. Achte darauf, dass Ergänzungen, die du vornimmst, sinnvoll sind und zu den Bildern passen. Das gilt auch für die Überleitungen zwischen den Bildern.
  Schmücke den **Höhepunkt** spannend aus, gehe z. B. ausführlich darauf ein, was die Figuren sehen, hören und fühlen.
  Schluss: Du kannst die Handlung abschließen oder auch mit einer Frage enden, die zur Handlung passt.
- Finde eine passende **Überschrift** für deine Erzählung.
- Du kannst in der **Ich-Form** oder in der **Er-/Sie-Form** erzählen. Oft wird dir in der Aufgabenstellung der Blickwinkel auch vorgegeben.
- Schreibe im **Erzählstil** und im **Präteritum**.

Aufgabe 43

a) Sieh genau hin und beantworte dann die Fragen.

Wer ist auf dem Bild zu sehen? ______________________________

Wo halten sich die Figuren auf? ______________________________

Was tun sie? ______________________________

Wann ereignet sich die Geschichte? ______________________________

Welche drei Gegenstände gehören nicht in die Umgebung?

______________ ______________ ______________

b) Beschreibe den Gesichtsausdruck der beiden Figuren.

____

____

____

c) Was haben die beiden übersehen?

____

Aufgabe 44

a) **Hier ist etwas durcheinandergeraten. Überlege, wie die Bilder miteinander zusammenhängen, und bringe sie in eine sinnvolle Reihenfolge.**

1. Bild = ____ 2. Bild = ____ 3. Bild = ____ 4. Bild = ____

b) **Welche Überschrift passt am besten zu dieser Geschichte? Kreuze an.**

① ☐ Der fröhliche Heimwerker

② ☐ Selbst ist der Mann

③ ☐ Ein gutes Team

④ ☐ Der Blumenfreund

Aufgabe 45

Überlege dir vier kleine Texte, in denen du die Gedanken und Gefühle der beiden Tiere wiedergibst. Achte auch auf den Zusammenhang der Bilder und finde sinnvolle Überleitungen. Verwende die wörtliche Rede.

Lucky und die Amsel

Was denkt Lucky?

___

___

___

___

Was denkt die Amsel?

___

___

___

___

Was sagt die Amsel?

___

___

___

___

Was denkt Lucky nun?

___

___

___

___

Aufgabe 46

Sieh dir die Bildergeschichte an und bearbeite dann die Aufgaben.

a) **Schreibe für jedes Bild in Stichpunkten auf, was geschieht, wann und wo es passiert. Notiere auch Besonderheiten, die dir auffallen, und was sie bedeuten könnten.**

1. Bild: Garten im Frühjahr (→ wärmere Kleidung), Hobbygärtner ...

2. Bild: ...

b) **Ordne die Bilder den Aufsatzteilen zu. Trage die Ziffern der Bilder ein.**

Einleitung:

Hauptteil:

Schluss:

c) **Welche Bilder stellen den Höhepunkt dar?**

Höhepunkt:

d) **Was könnte zwischen den angegebenen Bildern passiert sein? Überlege dir sinnvolle Überleitungen und notiere sie stichwortartig.**

Überleitung zwischen 1. und 2. Bild: ...

Überleitung zwischen 2. und 3. Bild: ...

Überleitung zwischen 4. und 5. Bild: ...

Überleitung zwischen 5. und 6. Bild: ...

Aufgabe 47

a) **Schreibe die Geschichte nun mit Hilfe deiner Notizen auf. Gib dem Hobbygärtner auch einen Namen und erzähle die Geschichte in der Er-/Sie-Form.**

b) **Finde eine treffende Überschrift für deine Geschichte.**

Aufgabe 48

Schau dir die folgenden Bilder genau an.

Ein geschäftstüchtiger Verkäufer

a) Was mag sich der Verkäufer denken? Notiere zu den Bildern einige kurze Sätze. Berücksichtige dabei auch die Überschrift der Geschichte.

2. Bild: ...

3. Bild: ...

b) Wie könnte die Geschichte ausgehen? Denke dir ein viertes Bild aus, das zu der Geschichte passt, und erzähle sie zu Ende. Schreibe aus der Sicht des Verkäufers und in der Ich-Form. Verwende das Präteritum.

Abschlusstest online 1

Prima! Du hast **Kapitel 1** durchgearbeitet. Dabei hast du noch einmal geübt, wie du eine **Erzählung** unterhaltsam und spannend ausgestaltest. Du weißt nun auch, worauf du bei den verschiedenen Arten des Erzählens (z. B. Erlebnis- oder Fantasieerzählung) besonders achten musst.

So funktioniert der Abschlusstest online:
Um deinen Lernerfolg zu überprüfen, kannst du nun die Tests online machen. Gehe auf
www.klasse5bis10.klett-lerntraining.de/9B3M
und registriere dich wie vorne im Buch beschrieben.

Welche Tests es gibt, siehst du unten in der Tabelle. Nach jedem Test bekommst du eine Auswertung.

Willst du immer im Blick haben, welche Themen du schon kannst oder was du besser nochmal wiederholen solltest? Dann notiere deine Ergebnisse aus den Abschlusstests in der Tabelle.

Mein Ergebnis im Abschlusstest – Kapitel 1

Thema	Mein Ergebnis
Lebendig, anschaulich und spannend erzählen, Gefühle ausdrücken	
Erzählperspektive, Gebrauch der Zeiten, Aufbau einer Erzählung	
Erlebnis- und Fantasieerzählung, Reizwortgeschichte – Erzählkern – Weitererzählen eines Erzählanfangs	
Nacherzählung, literarische Texte umwandeln und fortsetzen, Bildergeschichte	

2 Beschreiben

2.1 Sachlich beschreiben

Mit einer **Beschreibung** sollst du deine Leserinnen und Leser nüchtern informieren: etwa über die besonderen Merkmale eines Tieres oder über den Ablauf eines Versuchs. Beschreibe darum im **sachlichen Stil**.
Hier einige Tipps:

- Gib **keine** persönlichen **Wertungen** ab und äußere deine **eigene Meinung** nicht. Gib auch deine **Gefühle** nicht wieder.
- **Vermeide** alle **Stilmittel des Erzählens**: Verzichte auf Ausschmückungen (*das ~~schöne~~ rötlich-braune Fell*), Ausrufe, Ausrufesätze und die wörtliche Rede. Erzeuge keine Spannung.
- Beschreibe **genau** und halte dich dabei an die **Fakten**. Beschreibe nur, was man **wahrnehmen** (sehen, hören, fühlen, riechen) oder **tun** kann.
- Finde **treffende Adjektive**, **Nomen** und **Zusammensetzungen** (*das hellgrüne Kleid / eine Messerspitze Salz*). Schlage unbekannte Fachbegriffe und Fremdwörter nach.
- Vermeide komplizierte Schachtelsätze und lange Reihungen (*und …, und dann …*). Viele kurze Hauptsätze geben einen Sachverhalt meist auch nicht angemessen wieder. Am besten bildest du **einfache Satzgefüge** aus Hauptsatz und Nebensatz.
- Eine Beschreibung verfasst du im **Präsens**.

Diese Tipps gelten für alle Arten der Beschreibung, für eine Gegenstands- und Personenbeschreibung, für eine Tier- oder Wegbeschreibung, auch für alle Vorgangsbeschreibungen (dazu gehören z. B. Bastel- und Spielanleitungen, Kochrezepte, Arbeits- und Bedienungsanleitungen, Versuchsbeschreibungen).

Aufgabe 1

Welche Wörter gehören nicht in eine Beschreibung? Streiche sie durch.

kariert rund langweilig

doof Autsch! schön frisch

glatt cremig

lecker Verflixt! steil kantig

getigert blau plötzlich

Aufgabe 2

Lies die folgenden vier Satzpaare. Jeweils einer der beiden Sätze könnte in einer Beschreibung vorkommen. Kreuze ihn an.

a) ☐ Zieh nun nacheinander alle Schrauben fest an.
b) ☐ Nacheinander zog er alle Schrauben fest an.

c) ☐ „Haltet bloß das Seil noch einen Moment fest!"
d) ☐ Haltet das Seil noch einen Moment fest.

e) ☐ Sie trägt eine todschicke Brille mit großen, runden Gläsern.
f) ☐ Sie trägt eine modische Brille mit großen, runden Gläsern.

g) ☐ Das Eis schmilzt.
h) ☐ „Oh je, das Eis schmilzt!"

Aufgabe 3

Bilde sinnvolle Zusammensetzungen. Verwende dafür die Wörter, die im Buchstabengitter versteckt sind (waagerecht und senkrecht). Trage sie in der richtigen grammatischen Form ein.

e	g	l	e	i	s	i	g	s	s
c	l	a	n	g	o	d	r	o	t
k	l	a	b	s	a	l	a	b	o
i	i	m	l	s	u	p	u	i	f
g	l	ä	n	z	e	n	d	t	f
g	e	s	c	h	l	a	g	e	n
r	k	k	l	e	b	e	n	d	y

a) ein wein__________ Pullover

b) die matt__________ Oberfläche

c) ein schiefer__________ Dach

d) mit hoch__________ Kragen

e) schulter__________ Haar

f) die recht__________ Form

g) selbst__________ Folie

h) die mehr__________ Strecke

Aufgabe 4

Jeder Satz enthält eine umständliche Formulierung. Unterstreiche sie und ersetze sie durch ein zusammengesetztes Nomen.

a) Blinkt das rote Lämpchen, ist der Speicher für Nachrichten voll.

Blinkt das rote Lämpchen, ist der . . .

b) Öffnen Sie das Fach für die Batterien.

c) Halten Sie für dieses Experiment einen Mopp zum Wischen bereit.

d) Rollen Sie den Plan des Spieles aus.

e) Stellen Sie die Schale fürs Obst bereit.

f) Er trägt einen Ledermantel und eine braune Mütze aus Fell.

g) Montieren Sie nun den Vorhang für die Dusche.

Aufgabe 5

Forme die beiden Sätze jeweils so um, dass ein Satzgefüge aus einem Hauptsatz und einem Relativsatz entsteht.

a) Die Jungen sind Nesthocker. Sie wiegen bei der Geburt etwa 10 Gramm.

Die Jungen, die … ______________________________

b) Der Mann trägt eine rote Pudelmütze. Er ist ca. dreißig Jahre alt.

____

c) Meine Kette hat einen auffälligen Verschluss. Er klemmt manchmal.

____

d) Erdmännchen leben in Gruppen. Sie werden Kolonien genannt.

____

e) Du hebst ein Loch aus. Das Loch sollte eine Handbreit tief sein.

____

Aufgabe 6

Lies diese Beschreibung und überlege, wie du die letzten drei Zeilen verbessern kannst. Schreibe die verbesserten Sätze auf.

Wer bin ich?

Ein Spieler wartet vor der Tür, während sich seine Mitspieler überlegen, welche berühmte Person er darstellen soll (z.B. Pippi Langstrumpf, Obelix). Der Spieler wird hereingerufen und soll nun durch Fragen herausfinden, wer er ist. Seine Fragen muss er so formulieren, dass die Mitspieler sie mit Ja oder Nein beantworten können (z.B. Bin ich ein Mann? Bin ich Fußballer?), und wenn er herausbekommen hat, welche Person er darstellt, ist der nächste Spieler an der Reihe, und dann hat gewonnen, wer den Namen als Erster errät.

____

____

____

____

2.2 Gegenstandsbeschreibung

Einen Gegenstand musst du so genau und anschaulich beschreiben, dass andere ihn mit Hilfe deiner Beschreibung wiedererkennen und von ähnlichen Gegenständen unterscheiden können.
Gliedere deine Stoffsammlung und den Aufsatz **in drei Teile** und beachte die folgenden Tipps.

1. **Einleitung**: Benenne den Gegenstand.

2. **Hauptteil**: Vermittle einen ersten Überblick. Mache Angaben zu **Größe**, **Farbe**, **Form** und **Material** und nenne wichtige **Elemente**, aus denen sich der Gegenstand evtl. zusammensetzt. Beschreibe dann **Einzelheiten**. Hebe dabei **auffällige** und **unverwechselbare Merkmale** hervor (z. B. einen Markennamen, besondere Aufschriften, Abnutzungserscheinungen). Wenn ein Gegenstand aus mehreren Teilen besteht, erkläre, wie sie zusammenhängen und welche Funktion sie haben. Bei Gebrauchsgegenständen ist es oft wichtig, dass du ihre Handhabung erläuterst.

   Damit du die Leserinnen und Leser nicht verwirrst, musst du deine Beschreibung **systematisch** aufbauen. Überlege dir darum, aus welcher **Blickrichtung** du den Gegenstand am besten beschreibst:
   - von **vorn nach hinten**
   - von **links nach rechts**
   - von **oben nach unten**
   - von **außen nach innen**

   Manchmal ist es auch sinnvoll, wenn du einen Gegenstand aus zwei Blickrichtungen darstellst, ein Federmäppchen etwa: Du kannst es erst von außen nach innen betrachten, dann das Innere übersichtlich von links nach rechts beschreiben.

3. **Schluss**: Runde deine Beschreibung ab, indem du beispielsweise erklärst, wie oder wozu der Gegenstand gebraucht wird.

Beschreibe im **Präsens** und im **sachlichen Stil**. Verwende treffende, auch zusammengesetzte **Adjektive** (z. B. das *seidenweiche* Material; die *taubenblaue* Kordel). Wenn genaue Angaben nicht möglich sind, helfen oft **Vergleiche** (*etwa so groß wie eine 2-Euro-Münze*). **Fachausdrücke** kannst du natürlich nachschlagen.

Aufgabe 7

Ordne die Angaben aus der Wörterliste richtig in die Tabelle ein.

Plastik – glänzend – quadratisch – m – gezackt – Millimeter – gewölbt – oval – abwaschbar – sternförmig – durchsichtig – rund – Glas – cm – smaragdgrün – aufgeraut – taubenblau – rechteckig – Durchmesser – Leder – schmal – Zentimeter – feuerrot – Kunststoff – 450 × 500 × 200 mm – achteckig – Nylon – länglich – Holz – goldgelb – DIN-A4 – glatt – dreieckig – zerkratzt – schneeweiß – tropfenförmig

Größe	Farbe	Form	Material

Aufgabe 8

Verbinde jeden begonnenen Satz mit einem passenden Vergleich.

a) Der Aufkleber ist nicht größer	als ein Nadelöhr.
b) Die Dose ist etwa so groß	wie ein Tischtennisball.
c) Die Öffnung ist so eng	wie Stecknadelköpfe.
d) Die Felder sind so angeordnet	wie Seidenpapier.
e) Die Punkte sind so klein	wie ein Flaschenhals
f) Die Öse ist nicht größer	als eine 2-Euro-Münze.
g) Die Kugel ist etwa so groß	wie eine Streichholzschachtel.
h) Der Stoff ist so dünn und fein	wie auf einem Schachbrett.

Aufgabe 9

Patrick hat seinen Brustbeutel verloren. Lies die Beschreibung, die er am Schwarzen Brett ausgehängt hat.

Mein Brustbeutel ist etwa 12 cm breit, 9 cm hoch und 3 cm tief. Er ist aus abwaschbarem Nylon gefertigt und fällt wegen seiner feuerroten Farbe gleich jedem auf. Die Kanten sind mit einer schwarzen Borte verstärkt. Die verstellbare Kordel zum Umhängen ist ebenfalls schwarz und mit einem Ring versehen, an dem mein Fahrradschlüssel hängt. Auf dem Überschlag meines Brustbeutels ist ein Raumschiff abgebildet, das allerdings schon etwas zerkratzt ist.
Der Überschlag dient auch dazu, den Beutel mit Hilfe eines Klettbandes zu verschließen. Klappt man ihn hoch, ist auf der linken Innenseite ein Klarsichtfach zu erkennen. Darin steckt eine Fotografie meines Hundes. Ich trage sie immer bei mir, denn Bibbi sieht darauf besonders niedlich aus. Klappt man den Beutel weiter auf, sieht man im mittleren Innenteil vier Steckfächer, in denen ich meine Monatskarte fürs Schwimmbad und verschiedene Notizzettel aufbewahre. Der rechte Innenteil ist mit einem Reißverschlussfach ausgestattet, das ich als Geldbörse benutze.

a) Aus welcher Blickrichtung hat Patrick seinen Brustbeutel beschrieben? Es sind zwei Angaben richtig. Kreuze sie an.

- ☐ von innen nach außen
- ☐ von außen nach innen
- ☐ von rechts nach links
- ☐ von links nach rechts
- ☐ von oben nach unten

b) Welcher Satz in Patricks Text gehört nicht in eine Beschreibung? Streiche ihn durch.

Aufgabe 10

Schau dir die Abbildung eines Stifteköchers genau an.

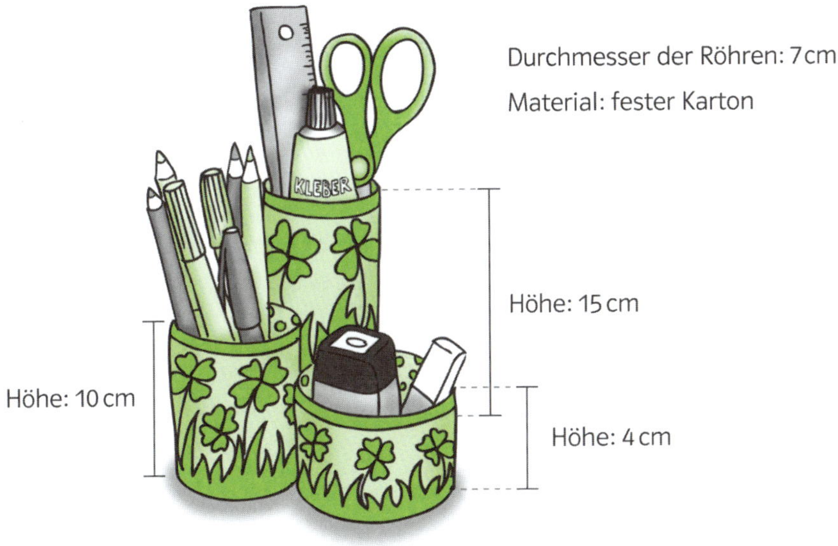

a) Beschreibe den Stifteköcher in einem zusammenhängenden Text.

b) Welcher Schluss beschreibt die Funktion des Stifteköchers besser? Kreuze ihn an.

A Der Stifteköcher ist ein praktischer Gegenstand für den Schreibtisch. Er ist auch schön anzusehen, z. B. wenn man bei den Hausaufgaben mal nicht weiterkommt. ☐

B Der Stifteköcher dient dazu, auf dem Schreibtisch Ordnung zu halten. Alle wichtigen Arbeitsgeräte wie Stifte, Schere, Lineal können darin übersichtlich und griffbereit aufbewahrt werden. ☐

2.3 Personenbeschreibung

Wenn du das Aussehen einer Person beschreibst, musst du ein anschauliches und wirklichkeitsgetreues Bild vermitteln. Stelle auch Besonderheiten dar. So können die Leserinnen und Leser die Person anhand deiner Beschreibung wiedererkennen, ohne ihr vorher selbst begegnet zu sein.
Gliedere die Stoffsammlung und deinen Aufsatz **in drei Teile**.

1. **Einleitung**: Beschreibe kurz die **Gesamterscheinung** der Person: Mache Angaben zu **Geschlecht**, **Alter**, **Größe**, **Statur** (zierlich, stämmig …). Erwähne gegebenenfalls auch die Hautfarbe. Das Alter und die Größe kannst du schätzen (ungefähr, ca., etwa …).

2. **Hauptteil**: Beschreibe das **Aussehen** der Person am besten **von oben nach unten**. Du musst nicht immer auf jedes Detail eingehen. Erwähne vor allem **unverwechselbare** und **auffällige Einzelheiten** und berücksichtige diese **Merkmale**:

*Tipp: Springe **nicht** zwischen den Merkmalen hin und her, sondern beschreibe jeden Bereich, z. B. das Gesicht oder die Kleidung, im Zusammenhang.*

   - **Haare** (Haarfarbe, Frisur, evtl. Kopfform) und **Gesicht** (Farbe und Form der Augen, Größe und Form der Nase, des Mundes, der Ohren). Auch die Haut und die Zähne können erwähnenswert sein (z. B. Sommersprossen; große weiße Zähne);
   - **Körperbau** (Figur; evtl. Hände, Arme, Beine, Füße), **Körperhaltung** und **Gang**;
   - **Kleidung**; beschreibe sie am besten auch von oben nach unten (Kopf, Oberkörper, Beine, Füße). Achte dabei auf die Art der Kleidung, den Schnitt (auch Farbe, Muster, Material) und Schmuck.
   - **Besondere Kennzeichen** im **Aussehen** (z. B. eine Narbe, eine Brille) und im **Verhalten** (vielleicht ein besonders auffallendes Lachen oder einen Dialekt) solltest du ebenfalls erwähnen.

3. **Schluss:** Halte kurz und ohne Wertung fest, welchen **Gesamteindruck** die Person auf dich macht.

Du beschreibst im **Präsens** und im **sachlichen Stil**. Denke daran, dass man in einer Beschreibung keine Gefühle und Meinungen äußert.

Aufgabe 11

Schau dir die drei Wörterlisten an. Jeweils drei Angaben sind falsch eingeordnet. Streiche sie durch und trage sie beim richtigen Merkmal ein.

Haare/Frisur

aufgehellt – blond – ~~fahl~~ – Zöpfe – gefärbt – struppig – kahl rasiert – Halbglatze – schulterlang – brünett – rot – glatt – Mittelscheitel – Pony – groß – Pferdeschwanz – rosig – langhaarig

__________ __________ __________

Gesicht

blass – kraus – oval – kantig – pausbäckig – gerötet – gebräunt – rehbraun – buschig – rundlich – länglich

fahl __________ __________

Augen/Augenbrauen

mandelförmig – braun – gerade – lockig – faltig – schmal – strähnig – blaugrau, oval

__________ __________ __________

Aufgabe 12

Ordne die Angaben aus der Liste richtig zu.

schlank – zackig – dick – gebückt – untersetzt – behäbig – zierlich – hinkend – pummelig – schwerfällig – mager – athletisch – gebeugt – korpulent – kerzengerade – rundlich – energisch – füllig – aufrecht – schleppend – stämmig – geneigt – dynamisch – krumm – gerade

Körperbau	Körperhaltung	Gang

Aufgabe 13

Welche der drei Einleitungen ist gelungen und könnte am Anfang einer Personenbeschreibung stehen? Kreuze an.

a) ☐ Der gesuchte Mann ist etwa 30 Jahre alt und ungefähr 1,75 m groß. Er trägt eine Lederjacke, die schon etwas abgewetzt ist.

b) ☐ Das Mädchen ist dunkelhäutig und etwas pummelig. Das Alter kenne ich nicht, über die Größe kann ich auch nur wenig sagen. Das Mädchen ist jedenfalls noch recht klein.

c) ☐ Der Junge ist schlank, etwa 13 Jahre alt und ca. 1,62 m groß.

Aufgabe 14

Hanno hat beim Karnevalsumzug seine kleine Schwester Anna verloren. Aufgeregt beschreibt er den anderen, woran sie Anna erkennen können. Lies seine Beschreibung.

Ihre roten Haare hat sie zu zwei Zöpfen geflochten, die am Ende beide mit einer großen Schleife verziert sind. Meine Schwester Anna ist 9 Jahre alt, ca. 1,25 m groß und recht zierlich. Anna hat große braune Augen und eine Stupsnase, die rundherum mit Sommersprossen übersät ist. Unter ihrem gelben Kleid schaut eine kurze blaue Hose mit weißen Punkten hervor. Wenn sie lacht und dabei ihren großen breiten Mund öffnet, sieht man ihre strahlend weißen Zähne.

Du hast es natürlich erraten: Anna hat sich als Pippi Langstrumpf verkleidet.

Anna trägt ein auffälliges Karnevalskostüm: Sie trägt lange Strümpfe, die verschieden sind, der eine ist schwarz, der andere geringelt. Auffallend sind auch ihre viel zu großen schwarzen Schuhe.
Anna spricht mit einem leicht rheinischen Akzent.

Zwei Sätze sollten an einer anderen Stelle der Beschreibung stehen. Unterstreiche sie und markiere die Stellen, an denen sie eingefügt werden müssen.

Aufgabe 15

Welche Zeichnung passt zu der Beschreibung?

Fabios Haare sind braun und ganz kurz geschnitten. Er hat ein rundliches Gesicht und etwas abstehende Ohren. Unter seinen geschwungenen Brauen, die wie seine Haare braun sind, strahlen freundliche blaue Augen. Fabios Nase ist nicht groß, umso mehr fällt sein voller, breiter Mund auf, der immer zu lächeln scheint. Am Kinn hat Fabio ein kleines Grübchen.

A

B

Aufgabe 16

a) **Beschreibe Leons Kleidung in einem zusammenhängenden Text. Halte dich dabei an die vorgegebenen Stichpunkte.**

- Schildmütze: sportlich, rot
- Sweatshirt: langärmelig – graumeliert – mit Kapuze und großer Känguru-Tasche – aufgedruckter Fußball in Höhe des Brustkorbs
- Jeans: hellblau – gerade geschnitten – stoßen an den Schuhen etwas auf
- Schuhe: Sportschuhe – weiß – rote Klettverschlüsse – Sohlen mit starkem Profil
- Uhr: rotes Armband – passt zur Kleidung
- Auffällig: Leon trägt die Uhr rechts.

b) **Welchen Eindruck hast du von Leon aufgrund seiner Kleidung? Kreuze zwei Angaben an.**

☐ nachlässig ☐ modebewusst ☐ schlampig ☐ ordentlich

2.4 Tierbeschreibung

Wenn du im Unterricht ein Tier beschreiben sollst, musst du vorher meist genauer in Fachbüchern oder im Internet darüber nachlesen. Oft ist es dann gar nicht leicht, die wichtigen Informationen herauszufiltern und zu ordnen. Die folgende Übersicht zeigt dir, worauf du eingehen solltest und wie du deine Beschreibung am besten aufbaust.
Gliedere deine Stoffsammlung und den Aufsatz in drei Teile.

1. Einleitung

- Erwähne kurz die **Art** des Tieres (z. B. Zwergkaninchen) und die **Familie**, der es angehört (z. B. Hasen).
- Nenne seine **Heimat**.
- Gib seine **Größe** und sein **Gewicht** an.
- Erwähne, welche **Lebenserwartung** das Tier hat.

2. Hauptteil

- Beschreibe das **Aussehen** des Tieres ausführlich. Beginne am besten mit dem Kopf. Beschreibe dann **abwärts** Hals, Rumpf, Beine, Schwanz usw., schließlich auch die Beschaffenheit und Farbe von Fell, Gefieder etc.
- Hebe **typische** und **auffällige** Merkmale hervor.
- Beschreibe das **Verhalten** des Tieres ausführlich. Berücksichtige dabei den Lebensraum (Welche Bedingungen braucht das Tier?) und die Lebensweise (Ist es nachtaktiv? Hält es Winterschlaf?). Gehe auch auf die Nahrung, die Fortpflanzung und den Nachwuchs, die Freunde und Feinde des Tieres ein.

3. Schluss

Erwähne Besonderheiten. Beantworte z. B. Fragen wie:

- Ist es ein anpassungsfähiges Tier?
- Eignet es sich als Haustier?
- Gehört es zu den gefährdeten Tierarten?

Eine Tierbeschreibung musst du im **sachlichen Stil** und im **Präsens** verfassen. Verwende auch Fachausdrücke aus der Biologie (z. B. *Lauf* statt *Bein* oder *säugen* statt *stillen*). **Vermeide Wortwiederholungen**, gebrauche vor allem *besitzen*, *haben* und *sein* nicht zu oft.

Aufgabe 17

Finde die richtigen Fachausdrücke. Bilde mit den markierten Buchstaben anschließend das Lösungswort.

1. Fangarm eines Kraken _ e _ _ _ _ _ _
2. Schildkröten tragen einen _ _ n _ e _
3. Der Fuchs lebt in einem B _ _
4. Weibliches Wildschwein _ _ _ h e
5. Vögel tragen ein _ e _ _ _ _ _ r
6. Wale gehören zu den _ _ _ g _ t _ _ _ _ _
7. Katzen laufen auf _ f _ _ _ n
8. Schwanz des Pferdes _ _ h _ e _ _
9. Goldfische haben kein Fell, sondern _ _ _ _ _ p _ n
10. Hirsche tragen ein _ e _ e _ _

Lösungswort: _ _ _ _ _ _ _ _ _ _

Aufgabe 18

Markiere die Verben und Adjektive, die in dem Buchstabensalat versteckt sind, und ordne sie richtig zu.

grlnuzottigeopeswiehernzymaslänglichexenogurrenherrdichtestarkykl

ihmlaichentkläbuschigeriemmegleitenvchnmscharfebeimbrütenmgdlim

Vögel	______	______	Winterfell
Tauben	______	______	Krallen
Frösche	______	______	Schwanz
Pferde	______	______	Mähne
Delfine	______	______	Blesse

Aufgabe 19

Vervollständige den Steckbrief des Pandabären. Wähle treffende Stichworte aus und trage sie ein.

kurzer Stummelschwanz – auffällige Zeichnung – Großer Panda – Einzelgänger – 120 bis 150 cm – starke Kaumuskulatur – zwischen 75 und 160 kg – guter Schwimmer – Bären – bevorzugt Bambus – auch einfach Pandabär – in der Dämmerung und nachts aktiv – kleines Gebiet im Westen Chinas – in zoologischen Gärten bis zu 34 Jahre

Art: ______________________

Familie: ______________________

Heimat: ______________________

Größe: ______________________

Gewicht: ______________________

Alter: ______________________

Aufgabe 20

Ole hat das Aussehen und den Lebensraum der Eichhörnchen beschrieben. Nur hat er vergessen, seinen Text durch Absätze zu gliedern. Wo beginnt die Beschreibung des Lebensraumes? Markiere die Stelle, an der ein Absatz stehen sollte.

Das Rückenfell der Eichhörnchen ist im Sommer manchmal gelb, meistens aber rot bis braunschwarz. Im Winter wird es dichter und oft auch dunkler. Das Bauchfell hebt sich weiß oder cremefarben vom Rückenfell ab. Auffällig sind im Herbst und Winter die rotbraunen Ohrpinsel, die bis zu 3,5 cm lang werden können. Im Sommer sind sie viel kleiner oder gar nicht vorhanden. Ganz besonders fällt der buschige Schwanz der Eichhörnchen auf, der mit 17–20 cm fast so lang ist wie ihr Körper. Eichhörnchen leben in Wäldern mit Nadelbäumen. In Europa sind sie auch in Laub- und Mischwäldern und oft in Gärten und Parkanlagen heimisch.

Aufgabe 21

Lies den Text und schreibe wichtige Informationen stichwortartig heraus.

Die geselligen Delfine leben in Gruppen, die man Schulen nennt. In nahrungsreichen Gebieten können ihnen bis zu 1000 Tiere angehören. Die Zugehörigkeit zu einer Schule ist nicht ein für alle Mal festgelegt, häufig kommt es vor, dass Tiere die Gruppe wechseln. Dennoch können Delfine sehr starke Bindungen zueinander entwickeln. So versuchen sie etwa, ihren kranken oder verletzten Artgenossen zu helfen. Delfine verständigen sich untereinander mit Pfeifen, Schnattern, mit Klicklauten und anderen Geräuschen. Sie ernähren sich vor allem von Fischen oder Tintenfischen.

Lebensweise: ______________________________

____

Nahrung: ______________________________

____

Aufgabe 22

Verbinde die Angaben mit dem richtigen Oberbegriff.

- Fuchs hat kaum noch natürliche Feinde; manchmal werden Tiere getötet (Tollwut)
- drei bis fünf Junge, 80 bis 150 g
- Einzelgänger; nachts und bei Dämmerung aktiv, schläft in unterirdischem Bau
- Allesfresser
- sehr anpassungsfähig (Wald, Halbwüste, Küste, Hochgebirge, auch Parks, Gärten)

Lebensraum

Feinde

Nahrung

Nachwuchs

Lebensweise

Aufgabe 23

Amelie und Fred möchten mehr über den Koala erfahren. Sie stöbern in ihrem Tierlexikon und im Internet und finden eine Menge Informationen. Schreibe mit Hilfe des Steckbriefs, den sie zusammengestellt haben, eine Einleitung.

Art:	Koala, auch Koalabär genannt, gehört aber nicht zu den Bären, sondern Beuteltier oder auch Beutelsäuger
Heimat:	in Australien beheimatet
Größe	61 bis 85 Zentimeter
Gewicht:	bis zu 14 Kilogramm
Alter:	Wildlebende Tiere werden 10 bis 15 Jahre alt.

Aufgabe 24

Schau dir das Foto genau an und lies die Notizen.

großer Kopf im Verhältnis zum Körper

kleine Augen

dichtes, seidenweiches, bräunlich bis silbergraues Fell

weißliches Bauchfell

Greifhand mit spitzen, scharfen Krallen

kein Schwanz

große, abgeplattete, dunkle Nase

____

a) **Ein typisches Merkmal, das auf dem Foto gut zu erkennen ist, fehlt in den Notizen. Welches? Trage es oben ein.**

b) **Ordne die Notizen sinnvoll und beschreibe das Aussehen der Koalas mit Hilfe des Fotos und der Notizen.**

Aufgabe 25

a) Ordne die folgenden Stichworte richtig zu. Du kannst auch selbst noch Informationen ergänzen.

Bedingungen: besondere Eukalyptusbäume, ausreichend Regen; Nähe zu anderen Koalas – nur in Ost- und Südaustralien – nachtaktiv – schlafen am Tag bis zu 20 Stunden – geschickte Kletterer – Baumbewohner (geeignete Greifhände, Krallen) – am Boden nur, um Baum zu wechseln (auf allen Vieren) – Einzelgänger (außer Paarungszeit) – leben in Revieren – Blätter, Rinde, Früchte bestimmter Eukalyptusarten – etwa 200 bis 400 g Blätter pro Tag (deckt auch ihren Wasserbedarf) – Name stammt von Ureinwohnern (Aborigines): Koala = ohne Wasser, trinkt nicht – Paarungszeit April bis Oktober – Tragzeit ungefähr 35 Tage – meist nur ein Jungtier – bei Geburt blind, nackt, kaum 1 g, etwa 2 cm – kriecht in Beutel, wird dort gesäugt (etwa 7 Monate) – mit 12 Monaten selbstständig – nach zwei Jahren geschlechtsreif – Dingos, Eulen, Adler, Warane, Pythons; Buschfeuer, Rodungen

Lebensraum:

Lebensweise:

Nahrung:

Nachwuchs:

Feinde:

b) Beschreibe mit Hilfe der geordneten Stichworte das Verhalten der Koalas in einem zusammenhängenden Text.

Aufgabe 26

Welcher Satz gehört nicht in den Schluss einer Tierbeschreibung? Streiche ihn durch.

Der Koala ist zu einem Wahrzeichen Australiens geworden. Aber der schnucklige Kerl mit seinen Knuddelohren gibt ein prima Plüschtier ab und gehört auch bei uns in jedes Kinderzimmer. Dort wird er manchmal in Gehegen gehalten. In zoologischen Gärten außerhalb Australiens sieht man ihn nur selten, vor allem weil es schwierig ist, den besonderen Eukalyptus herbeizuschaffen, von dem er sich ernährt.

2.5 Vorgangsbeschreibung

Vorgangsbeschreibungen sind **Anleitungen** zum **Nachmachen**: Deine Leserinnen und Leser sollen z. B. einen Versuch anhand deiner Beschreibung **wiederholen** und **selbst durchführen** können. Informiere sie darum klar und genau und beachte folgende Tipps. Sie gelten für alle Vorgangsbeschreibungen, für Bastel- und Spielanleitungen ebenso wie z. B. für Kochrezepte, für Arbeits- und Gebrauchsanleitungen.
Lege eine Stoffsammlung an (stichwortartig). Schreibe dann den Text mit Hilfe deiner Notizen. Gliedere ihn in drei Teile.

1. **Einleitung**
   Gib kurz an, welche **Vorbereitungen** nötig sind, um den Vorgang durchführen zu können: Nenne Gegenstände oder Materialien, die gebraucht werden, oder beschreibe den Versuchsaufbau. Mache, wenn erforderlich, genaue Mengen-, Zeit- und Temperaturangaben. Erwähne, welche **Voraussetzungen** erfüllt sein müssen (z. B. Ort und Jahreszeit für das Pflanzen von Blumen).

2. **Hauptteil**
   Beschreibe die **Durchführung** des Vorgangs genau und in allen Einzelheiten. Stell den **Ablauf** immer Schritt für Schritt und in der **richtigen Reihenfolge** dar. Du kannst die Abfolge auch ausdrücklich kenntlich machen (*zuerst, dann / danach, gleichzeitig / währenddessen, abschließend / zum Schluss*).

3. **Schluss**
   Informiere kurz über das **Ergebnis** oder den **Erfolg** des durchgeführten Vorgangs.

Du hast verschiedene Möglichkeiten, deine Leserinnen und Leser anzusprechen. Wenn du dich für eine **Ansprache** entschieden hast, bleib aber dabei: *Falte / Faltet / Falten Sie … Du faltest / Ihr faltet / Sie falten … Man faltet das Papier … Papier falten und …*

Schreibe in einem **einfachen** und **sachlichen Stil**.

Da eine Vorgangsbeschreibung nicht einen einmaligen, sondern einen **wiederholbaren Ablauf** wiedergibt, schreibst du sie im **Präsens**.

Aufgabe 27

Drei Sätze gehören nicht in eine Vorgangsbeschreibung. Kreuze sie an.

a) ☐ Lege eine Schere, Pappe und einen Klebestift bereit.

b) ☐ Gehe zurück auf Los.

c) ☐ Er zog mit seiner Spielfigur drei Felder vor.

d) ☐ Nach einer Stunde kannst du die Folie wieder entfernen.

e) ☐ „Man sieht ja gar nichts!"

f) ☐ Die Eisenspäne haben sich braun verfärbt.

g) ☐ Plötzlich schwebt die Büroklammer unter dem Magneten.

h) ☐ Leg das Obst in eine große Schüssel.

Aufgabe 28

Ordne jedem Schritt der folgenden Anleitung eine passende Abbildung zu. Trage den Buchstaben ein.

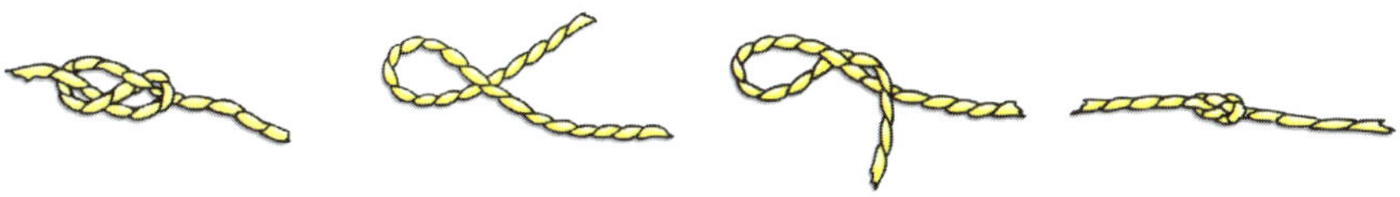

A B C D

1. Schritt: Lege das kurze Ende des Seils so unter das lange, dass ein Auge entsteht. ______

2. Schritt: Lege das kurze über das lange Seilende. ______

3. Schritt: Zieh das kurze Ende von unten durch das Auge. ______

4. Schritt: Zieh den Knoten fest. Man nennt ihn Achtknoten, weil er die Form einer Acht hat. ______

Aufgabe 29

a) Paul möchte seinem Freund Pit beschreiben, wie man eine Chiffrier-Tafel herstellt. Seine Anleitung ist fast fertig, nur muss er sie noch besser ordnen. Hilf ihm dabei.

Du brauchst kariertes Papier, einen Stift und ein Lineal.	1
Unterteile das Quadrat in fünf Zeilen und fünf Spalten, sodass 25 kleine Kästchen entstehen.	
Zuerst zeichnest du ein Quadrat mit einer Kantenlänge von fünf Zentimetern.	
Nummeriere zum Schluss die Zeilen (links) und die Spalten (oben) von 1 bis 5.	
Trage die Buchstaben des Alphabets in die Kästchen ein. Fülle die Zeilen von links nach rechts aus. Das i und das j teilen sich ein Kästchen.	
Nun kannst du jeden Buchstaben verschlüsseln, indem du zuerst die Ziffer der Zeile, dann die Spaltennummer angibst (z. B. entspricht das o der 34, das q der 41).	6

b) Pits Chiffrier-Tafel ist inzwischen fertig. Er schickt Paul folgende Nachricht. Was bedeutet sie?

11 31 31 15 43 25 31 11 42 ____________________

44 34 31 31 15 24 14 15 15 ____________________

35 24 44 ____________________

	1	**2**	**3**	**4**	**5**
1	a	b	c	d	e
2	f	g	h	i/j	k
3	l	m	n	o	p
4	q	r	s	t	u
5	v	w	x	y	z

Aufgabe 30

Hier siehst du Abbildungen zu einem Versuch.

a) Schau dir die erste Abbildung an und vervollständige die Aufzählung.

Um den Versuch durchzuführen, brauchst du:

eine kleine, leere Glasflasche, ______________________________

____

b) Beschreibe die Durchführung und den Ablauf des Versuchs. Schau dir die Abbildungen noch einmal genau an und verwende diese Stichworte.

1. Schritt: leere Flasche ins Eisfach legen (nur 2–3 Min.), Schüssel vorsichtig mit warmem Wasser füllen (nur eine Handbreit hoch)

2. Schritt: Flasche aus Eisfach nehmen, Luftballon über Flaschenhals stülpen

3. Schritt: Flasche in Wasserschüssel stellen, einen Moment warten

Lege die ...

c) Beschreibe das Ergebnis des Versuchs. Was beobachtest du in den Abbildungen 3 und 4?

Die Erklärung kannst du im Lösungsteil nachlesen.

____

____

____

____

____

Aufgabe 31

Lucie hat eine Sonnenblume geschenkt bekommen, die sie im Garten einpflanzen möchte. Sie fragt ihren Bruder Jan, einen begeisterten Hobbygärtner, um Rat. Lies den Anfang seiner Beschreibung.

Einleitung:
Am besten pflanzt du die Sonnenblume Ende Mai um. Du brauchst dafür eine Schaufel, Blumenerde, eine Gießkanne und einen sehr sonnigen Pflanzort.

Schreibe die Anleitung nun mit Hilfe der folgenden Stichworte zu Ende. Aber Vorsicht: Zuvor musst du einige Notizen noch in eine sinnvolle Reihenfolge bringen.

1.	mit Schaufel Pflanzloch ausheben (muss einige Zentimeter tiefer und breiter sein als Durchmesser des Blumentopfes)
	Abstand zwischen Wurzelballen und Pflanzloch mit Blumenerde ausfüllen
	Pflanze vorsichtig aus Topf nehmen, mit Wurzelballen ins Loch einsetzen
	zum Schluss wässern: Gießkanne mit Wasser füllen, langsam auf Pflanzstelle laufen lassen; nach einigen Stunden wiederholen
	eingepflanzte Blume fest in Pflanzboden eindrücken (mit ganzer Hand oder Faust, Daumen reicht nicht)
6.	während der Sommerwochen: öfter Festigkeit des Bodens kontrollieren (gelockerten Boden nachdrücken); immer ausreichend wässern

Schluss: Blume wird wachsen, im August groß und schön sein; Samenkörner aufheben, trocknen (Vogelfutter für Winter)

Abschlusstest online 2

Klasse! Du hast **Kapitel 2** durchgearbeitet: Dir ist nun wieder klar, dass man eine **Beschreibung** im sachlichen Stil formuliert. Du hast auch gelernt, was du bei den verschiedenen Arten des Beschreibens (z. B. Gegenstands- oder Personenbeschreibung) besonders berücksichtigen musst und wie du sie am besten aufbaust.

So funktioniert der Abschlusstest online:
Um deinen Lernerfolg zu überprüfen, kannst du nun die Tests online machen. Gehe auf
www.klasse5bis10.klett-lerntraining.de/9B3M
und registriere dich wie vorne im Buch beschrieben.

Welche Tests es gibt, siehst du unten in der Tabelle. Nach jedem Test bekommst du eine Auswertung.

Willst du immer im Blick haben, welche Themen du schon kannst oder was du besser nochmal wiederholen solltest? Dann notiere deine Ergebnisse aus den Abschlusstests in der Tabelle.

Mein Ergebnis im Abschlusstest – Kapitel 2

Thema	Mein Ergebnis
Sachlich beschreiben	
Gegenstands- und Personenbeschreibung	
Tier- und Vorgangsbeschreibung	

3 Berichten

3.1 Sachlich berichten

In einem Bericht gibst du ein Ereignis wieder, das tatsächlich stattgefunden hat. Dabei sollst du deine Leserinnen und Leser nicht spannend unterhalten, sondern **nüchtern** und **genau** über den Ablauf des Geschehens **informieren**. Du musst einen Bericht z. B. über einen Unfall, den du beobachtet hast, darum im **sachlichen Stil** schreiben.

- Gib **keine** persönlichen **Wertungen** und **Kommentare** ab. Auch **Vermutungen** gehören nicht in einen Bericht.
- Deine **Angaben** müssen **genau** sein und den **Tatsachen entsprechen**. Vermeide darum Übertreibungen, Ausschmückungen und umgangssprachliche Formulierungen. Wähle stattdessen treffende und **angemessene Adjektive**, **Verben** und **Nomen** (statt: Der Pkw *raste mit einem Affenzahn* … besser: Der Pkw *fuhr mit überhöhter Geschwindigkeit* …).
- Verzichte auf alle Stilmittel der Erzählsprache: Erzeuge **keine Spannung**, vermeide **Ausrufe** und **Ausrufesätze** und verwende keine **wörtliche Rede**. Wenn du Aussagen von Personen wiedergeben möchtest, die am Geschehen beteiligt waren, musst du sie in die indirekte Rede umwandeln.
- Dein **Satzbau** sollte klar und einfach sein. Vermeide darum Reihungen und lange Schachtelsätze. Am besten bildest du einfache Satzgefüge aus einem Haupt- und einem Nebensatz, den du mit einem Relativpronomen (*der, die, das*) oder auch mit einer Konjunktion (*weil, obwohl, indem*) anschließen kannst.
- Oft musst du in einem Bericht den **zeitlichen Ablauf** eines Geschehens genau wiedergeben. Dabei helfen dir temporale Adverbien (*zuerst, später, danach*) oder Konjunktionen (*nachdem, während, bevor*).

Aufgabe 1

Welche Sätze könnten in einem Bericht vorkommen? Kreuze sie an.

a) ☐ Die Feuerwehr traf etwa 10 Minuten nach unserem Anruf ein.

b) ☐ Mir gefiel die Idee überhaupt nicht.

c) ☐ Der Polizist nahm die Personalien aller Zeugen auf.

d) ☐ Ich habe mich schrecklich gelangweilt.

e) ☐ Endlich schaltete die Ampel auf Grün.

f) ☐ Das Publikum klatschte begeistert Beifall.

g) ☐ Das Sportfest war ein großer Erfolg.

h) ☐ „Mensch, war das eine tolle Aufführung!"

Aufgabe 2

Streiche in den Sätzen alle umgangssprachlichen Formulierungen durch.

a) Das superschicke Auto hatte einen zerbeulten Kofferraum.

b) Man hörte eine mordsmäßige Explosion.

c) Ich kam mit der verdammten Gangschaltung nicht zurecht.

d) Das nervige Geräusch schreckte alle hoch.

e) Das war eine riesengroße Überraschung.

f) Der blöde Stadtplan war veraltet.

g) Er freute sich wahnsinnig über den 1. Platz.

Aufgabe 3

Welches Wort passt nicht in die Reihe? Kreuze es an.

a)	☐ zuvor	☐ später	☐ vorher	☐ zuerst
b)	☐ mittlerweile	☐ während	☐ anschließend	☐ inzwischen
c)	☐ dann	☐ darauf	☐ anfangs	☐ hinterher

Aufgabe 4

Kreise alle Konjunktionen ein, die in dem „Wörtersalat" versteckt sind, und schreibe sie heraus.

sodass
obgleich
Huch!
oben
plötzlich
neblig
denn
obwohl
als
links
schnell
falls
während
indem
nachdem
weil
nebenan
vorsichtig
unten
vorher
wenn
sobald
rechts
früher

sodass, ______________________________

____

____

Aufgabe 5

Wähle eine passende Konjunktion aus und verbinde die Sätze miteinander.

a) Ich war aufgeregt. Ich war noch nie zuvor in einem Theaterstück aufgetreten. (**während** – **denn** – **obwohl**)

Ich war aufgeregt, denn …

b) Der Tierarzt untersuchte den Löwen. Das Betäubungsmittel hatte gewirkt. (**wenn** – **obgleich** – **nachdem**)

c) Auch die Räumfahrzeuge kamen nur langsam voran. Die Straßen waren vollständig vereist. (**falls** – **sodass** – **weil**)

d) Es regnete. Wir radelten am nächsten Morgen los. (**sodass** – **nachdem** – **als**)

e) Der Blumentopf fiel herunter. Wir saßen auf der Terrasse. (**während** – **indem** – **weil**)

f) Der Pkw blinkte nicht. Er bog rechts ab. (**wenn** – **obwohl** – **als ob**)

Aufgabe 6

Wandle die direkte (wörtliche) Rede in die indirekte Rede um.

a) Der Polizist erklärte: „Ich muss ein Protokoll aufnehmen."

Der Polizist erklärte, er ________________________________

b) „Ich bin in die Volleyballmannschaft aufgenommen worden", berichtete Maja.

____

c) Mirko sagte: „Nach der Wanderung waren wir alle müde."

____

d) Unser Nachbar rief uns zu: „Heute Morgen ist ein Päckchen für euch abgegeben worden."

____

Aufgabe 7

Schreibe den Text neu. Verbinde dabei die Sätze sinnvoll und so, dass der Satzbau abwechslungsreicher klingt. Überlege z. B., an welchen Stellen du ein Satzgefüge aus Haupt- und Relativsatz bilden, oder wo du Konjunktionen und Adverbien der Zeit verwenden kannst.

Ich öffnete gerade die Haustür. Ein Lieferwagen wendete auf unserer Straße und setzte zurück. Er stieß an die Mülltonne. Mein Vater hatte sie am Abend zuvor für die Stadtreinigung an den Straßenrand gestellt. Die Tonne fiel sofort um. Sie war sehr voll. Sie begrub mein Fahrrad unter sich. Es stand am Rand des Bürgersteigs. Ich wollte dem Lieferwagen noch hinterherlaufen. Er war aber schon zu weit weg. Ich konnte auch das Nummernschild nicht mehr erkennen. Ich räumte den Müll beiseite. Er war herausgefallen. Ich richtete die Tonne wieder auf. Ich sah, dass die Lenkstange meines Fahrrads ganz verbogen war. Der Sattel war aufgeschlitzt. Der Ständer war abgebrochen.

3.2 Erlebnisbericht

Mit einem Erlebnisbericht **informierst** du über ein **Ereignis**, das **tatsächlich stattgefunden** hat. Man spricht darum oft auch von einem **Erfahrungsbericht**. Du kannst über ganz unterschiedliche Ereignisse berichten, z. B. über einen Klassenausflug oder über eine Sportveranstaltung, bei der du mitgemacht hast. Gliedere deine Stoffsammlung und den Aufsatz in drei Teile.

1. **Einleitung**
   Gib einen kurzen **Überblick** und beantworte dabei die folgenden W-Fragen:
   - **Wer** war am Geschehen beteiligt?
   - **Wann** ereignete es sich?
   - **Wo** ereignete es sich?
   - **Was** ist geschehen? (Art des Geschehens, z. B. Besuch im Museum, Klassenfahrt)

2. **Hauptteil**
   Schildere das Erlebnis in der **richtigen** zeitlichen **Reihenfolge**. Stelle die **äußeren Umstände** und **Einzelheiten**, wenn nötig, auch die **Hintergründe** dar. Berücksichtige dabei die folgenden Fragen:
   - **Wie** hat sich das Geschehen **genau** zugetragen? (Einzelheiten)
   - **Warum** kam es dazu? (Hintergründe)

3. **Schluss**
   Du kannst mit einem **kurzen Ausblick** schließen oder auch die **Auswirkungen** des Geschehens erwähnen:
   - **Welche Folgen** hat das Geschehen?

Einen Erlebnisbericht musst du im **sachlichen Stil** schreiben. Teile darum weder deine Gedanken und Gefühle noch deine persönliche Meinung mit. Erzeuge keine Spannung und verzichte auf die wörtliche Rede. Damit sich deine Leserinnen und Leser das Geschehen gut vorstellen können, formulierst du stets **klar** und **genau**.

Berichte im **Präteritum** (Vergangenheit). Die Vorgeschichte und die Hintergründe stellst du im **Plusquamperfekt** (Vorvergangenheit) dar. Über den gegenwärtigen Stand informierst du im **Präsens** (Gegenwart). Auch **allgemeingültige Aussagen** stehen im Präsens. Wenn du z. B. am Schluss einen kurzen Ausblick gibst, verwende das **Futur** (Zukunft).

Aufgabe 8

Welche Äußerungen passt nicht in einen Erlebnisbericht? Kreuze an.

a) ▢ Wie jedes Jahr fand unser Sommerfest am letzten Schultag vor den großen Ferien statt.

b) ▢ Es gab ein großes Buffet mit allerlei Leckereien.

c) ▢ Mich hat die Theateraufführung am Nachmittag furchtbar gelangweilt. Dauernd musste ich gähnen.

d) ▢ Am Abend überraschten uns die Eltern mit einem Feuerwerk. Alle sahen begeistert in den funkelnden Himmel.

Aufgabe 9

a) Vergleiche diese beiden Einleitungen. In welcher wird berichtet, in welcher erzählt? Trage deine Antworten unten ein.

A Am Sonntagabend war es endlich so weit: Der Zoologische Garten in Berlin veranstaltete eine Kindernachtführung durchs Aquarium, und mein Bruder und ich durften daran teilnehmen. Schon Tage zuvor hatten wir uns auf diesen Abend gefreut. Wir packten noch schnell unsere Taschenlampen ein, dann liefen wir los.

B Am 12. Februar 2023 veranstaltete der Zoologische Garten in Berlin eine Kindernachtführung durch das Aquarium, an der mein Bruder und ich teilnahmen. Sie begann um 18.15 Uhr und dauerte ca. 1,5 Stunden. Wir wurden durch alle Etagen des Aquariums geführt und sahen viele Tiere, die man tagsüber kaum beobachten kann.

In Text A wird ____________________ . In Text B wird ____________________ .

b) Notiere stichwortartig, worin sich die beiden Einleitungen unterscheiden.

____

____

Aufgabe 10

Bringe die folgenden Abschnitte eines Berichts in eine sinnvolle Reihenfolge. Trage die Ziffern ein.

a) Am Dienstagnachmittag nahm ich an einer Stadtrallye durch Stuttgart teil. 1

b) Ich passte während der Führung genau auf, und bald hatte ich alle Antworten richtig in mein Heft geschrieben.

c) Ich traf mich um 15.00 Uhr mit 20 anderen Kindern im Innenhof des Alten Schlosses, wo wir unsere Erkundungstour starteten.

d) Zur Belohnung bekam ich dafür eine Urkunde.

e) Alle hatten einen Bleistift und einen Radiergummi mitgebracht. Wir bekamen einen Stadtplan und ein Heft mit vielen Fragen über Stuttgart, die wir während unseres Rundgangs beantworten sollten.

f) Meine Eltern und ich waren erst vor kurzem nach Stuttgart gezogen, und ich wusste noch nicht viel über diese Stadt. Aber es war gar nicht so schwer, die Aufgaben zu lösen.

g) Anschließend gingen wir alle noch ein Eis essen. Ich hatte viel über Stuttgart erfahren und fühlte mich nun wie ein richtiger Stäffelesrutscher*, so nennt man die Stuttgarter manchmal auf Schwäbisch.

** In Stuttgart gibt es viele Treppen, auf denen man die höher gelegenen Stadtgebiete erreicht. Die Treppen heißen in der schwäbischen Mundart „Stäffele" und haben den Bewohnern Stuttgarts den Spitznamen „Stäffelesrutscher" eingetragen.*

Aufgabe 11

Lies Tinas Einleitung zu einem Erlebnisbericht.

Am 24. Mai 2022 unternahmen wir, die Klasse 5b der Hölderlin-Schule, zusammen mit unserem Bio-Lehrer eine Klassenfahrt. Wir besuchten einen Bauernhof in der Nähe von Lüneburg. Herr und Frau Küster, die Besitzer des Hofes, hatten uns zu einer Besichtigung eingeladen.

a) **Beantworte mit Hilfe der Einleitung die W-Fragen.**

Wer? ______________________________

Wann? ______________________________

Wo? ______________________________

Was? ______________________________

b) **Lies die Fortsetzung von Tinas Bericht. Warum hat sie die unterstrichenen Stellen im Präsens geschrieben?**

Wir reisten mit dem Bus an, und Familie Küster begrüßte uns freundlich, als wir alle ausgestiegen waren. Herr Küster erzählte, dass der Hof schon über 100 Jahre alt und ca. 200 Hektar groß sei. Er versprach, uns später den Kuhstall zu zeigen. Erst einmal sollten wir uns aber die anderen Tiere ansehen, die es auf dem Hof gab. Herr Küster zeigte uns seine Kaninchen, die wir auch auf den Arm nehmen und streicheln durften. Wir besichtigten den Hühnerstall und kamen anschließend zu einer Weide mit Ziegen. Nach diesem Rundgang ging es dann in den Kuhstall. Dort standen 70 Milchkühe, die gerade gefüttert werden sollten. Es war prima, dass wir dabei helfen durften. Wir schafften Heu herbei, und jeder von uns konnte eine Kuh füttern, die er sich selbst ausgesucht hatte. Herr Küster erzählte uns anschließend, <u>dass eine ausgewachsene Milchkuh bis zu 700 kg wiegen kann und ungefähr 30 Liter Milch pro Tag gibt. Die Kühe werden zweimal am Tag mit einer Maschine gemolken, morgens um 5.00 Uhr und am Nachmittag um 16.00 Uhr.</u> Draußen erwartete uns Frau Küster dann mit einer Stärkung: Es gab Milch aus eigener Herstellung. Dazu aßen wir Butterbrote mit Schnittlauch, ein typisches Bauernhofessen, das allen gut geschmeckt hat.

____

____

c) **Schreibe mit Hilfe der Stichpunkte einen Schluss für diesen Bericht.**

Mittagszeit, Bus holte uns ab – Abschied von Herrn und Frau Küster – außergewöhnlicher Schultag – viel gesehen, gelernt – im Bus: Plan für nächste Klassenfahrt

3.3 Unfallbericht

Mit einem Unfallbericht **informierst** du **sachlich**, **klar** und **genau** über einen Vorfall, der sich tatsächlich ereignet hat. Dabei kann es sich um einen Verkehrsunfall handeln, den du beobachtet hast, oder auch um einen Schadensfall, der einer Versicherung gemeldet werden muss. Gliedere deine Stoffsammlung und den Bericht in drei Teile und beachte die folgenden Tipps.

1. Einleitung

Berichte über den Vorfall in einem kurzen **Überblick** und beantworte dabei die folgenden W-Fragen:

- **Wer** war am Geschehen beteiligt?
- **Wann** ereignete sich der Vorfall?
- **Wo** ereignete er sich?
- **Was** ist geschehen? (Art des Vorfalls, z. B. Sturz mit dem Fahrrad, Auffahrunfall)

2. Hauptteil

Stelle den **Hergang** des Geschehens und seine Begleitumstände **im Einzelnen** und in der **richtigen zeitlichen Reihenfolge** dar. Gehe dabei ausführlich auf die folgenden beiden W-Fragen ein:

- **Wie** hat sich der Vorfall **genau** ereignet?
- **Warum** kam es dazu?

3. Schluss

Gib kurz Auskunft über die **Auswirkungen** des Geschehens und beantworte also die Frage:

- **Welche Folgen** hatte der Vorfall?

Einen Unfallbericht schreibst du im **sachlichen Stil**. Äußere vor allem keine Gefühle, Vermutungen oder persönlichen Einschätzungen und erzeuge keine Spannung.

Ein **Bericht** handelt von einem **einmaligen Ereignis**. Du schreibst darum über das Geschehen im **Präteritum** (Vergangenheit). Die Vorgeschichte und die Hintergründe stellst du im **Plusquamperfekt** (Vorvergangenheit) dar. Über den gegenwärtigen Stand informierst du im **Präsens** (Gegenwart). Machst du Angaben zu möglichen Folgen des Vorfalls, verwende das **Futur** (Zukunft).

Aufgabe 12

Lies diese Zeugenaussage und streiche alle Sätze und Bemerkungen durch, die für einen Unfallbericht unwichtig sind.

Ich saß im Straßencafé. Mittwochs bin ich immer dort, um mich von meinen Einkäufen auszuruhen. Ich habe schon einen Stammplatz. Besonders schön ist es an Sonnentagen. Aber –, wo war ich stehen geblieben? Richtig: Ich saß also im Straßencafé und beobachtete, wie im Hauseingang nebenan ein Mann eine große Palmenpflanze die Treppe hinuntertrug. Sie muss sehr schwer gewesen sein, denn er tastete sich von Stufe zu Stufe voran, bis er schließlich auf einer der letzten Stufen das Gleichgewicht verlor und bäuchlings auf den Bürgersteig stürzte. Die Pflanze flog in hohem Bogen auf den Radfahrweg, der Topf schlug gegen ein parkendes Auto und zerbrach. Na ja, was soll man dazu sagen, vermutlich konnte der Mann wegen der Palme ja auch gar nichts sehen. Der Mann stand wieder auf und begutachtete erst die Treppe, dann den Schaden, den der Topf an der Wagentür angerichtet hatte. Er holte ein Handy aus der Jackentasche und telefonierte. Und nun kommen Sie von der Polizei und befragen mich. Nur gut, dass nichts Schlimmeres passiert ist. Gar nicht auszudenken, wie die Geschichte ausgegangen wäre, wenn da Radfahrer vorbeigekommen wären. Die rasen ja immer so, manchmal fahren sie sogar in die falsche Richtung. Können Sie dagegen nicht endlich mal etwas unternehmen?

Aufgabe 13

Wähle alle Angaben aus, die in die Einleitung eines Unfallberichts gehören. Ordne ihre Buchstaben den W-Fragen zu.

a) erheblicher Sachschaden

b) Fahrer des Lieferwagens übersah Stopp-Schild

c) Dienstag, den 21. Juni 2022 um 14.30 Uhr

d) Pkw-Fahrerin, Fahrer des Lieferwagens

e) Pkw musste abgeschleppt werden

f) Zusammenstoß auf der Kreuzung

g) Goethestraße Ecke Schillerstraße

Wer? ________

Wann? ________

Wo? ________

Was? ________

Aufgabe 14

Die hervorgehobene Stelle ist im Erzählstil geschrieben. Formuliere sie so um, dass sie in einen sachlichen Unfallbericht passt. Schreibe deinen Text auf.

Der Unfall ereignete sich auf der Seestraße, die während der Ferien für den Autoverkehr gesperrt war. Mein Bruder Michel und ich wollten unsere neuen Skateboards ausprobieren. Wir fuhren auf der Straße rauf und runter. Eine Weile ging auch alles gut, aber dann passierte es. „Pass auf, da kommt ein Hund", rief Michel mir noch zu. Aber da war schon alles zu spät. Ich sehe den Hund auf mich zulaufen, stoppe, springe von meinem Skateboard herunter, verliere das Gleichgewicht und falle auf die Straße. „Alles in Ordnung?", fragte mich mein Bruder. Er half mir wieder auf die Beine. „Noch mal gut gegangen!", antwortete ich. „Von wegen gutgegangen", hörten wir beide plötzlich jemanden hinter uns sagen. Wir drehten uns um und sahen einen Biker neben einem ganz ramponierten Fahrrad sitzen. Er war bei dem Versuch, mir auszuweichen, gestürzt, und nun verlangt er Schadenersatz.

Aufgabe 15

Bringe die Aussagen in eine sinnvolle Reihenfolge.

1	Der etwa zwölfjährige Junge starrte auf das Display seines Handys.
	Die Einkäufe fielen auf den Bürgersteig. Der Junge sah die Bescherung und lief weg.
	Dabei rempelte er mehrere Fußgänger an. Er ging aber weiter, ohne hochzuschauen.
	Er steuerte direkt auf den Plakatständer des Fotogeschäfts zu.
	Er prallte gegen den Plakatständer, der umfiel und die Einkaufstüte einer Passantin zerriss.

Aufgabe 16

a) Schreibe mit Hilfe der Notizen eine Einleitung zu einem Unfallbericht.

- *Freitag, den 10. März 2023*
- *gegen 14.30 Uhr*
- *Parkplatz des Getränkemarktes „Sprudel und Co."*
- *Elektriker Harry Strippe*
- *Pkw-Fahrer Max Grunewald*
- *Pkw stieß beim Zurücksetzen Leiter für Reparaturarbeiten um*
- *Leiter beschädigte das Schaufenster des Getränkemarktes*

Der Vorfall ereignete sich am …

b) Lies die Zeugenaussage. Sie stellt den Vorfall auf dem Parkplatz des Getränkemarktes aus der Sicht des Pkw-Fahrers Max Grunewald dar.

Max Grunewald: „Das ist wirklich eine dumme Sache. Dabei habe ich beim Einsteigen doch gesehen, dass am Leuchtkasten des Getränkemarktes irgendetwas repariert wurde! Aber ich habe einfach nicht mehr daran gedacht, als ich wendete. Beim Zurücksetzen ist es dann passiert: Ich rammte das Fußende der Leiter, und da klirrte es auch schon."

c) Notiere in Stichpunkten oder kurzen Sätzen, welche Antworten diese Aussage auf die beiden W-Fragen gibt. Schreibe aus der Sicht eines Polizisten, der die Aussage für einen Bericht verwenden will.

Wie und **warum** ereignete sich der Vorfall? ______________________

____

____

→

d) **Lies auch diese beiden Aussagen. Sie stellen den Unfall vor dem Getränkemarkt aus dem Blickwinkel anderer Zeugen dar. Notiere wieder aus Sicht des Polizisten, welche Antworten die Zeugen auf die W-Fragen geben.**

Harry Strippe: „Ich kam um 14.00 Uhr am Getränkemarkt an, verständigte den Geschäftsführer und machte mich gleich an die Arbeit. Ich stellte meine Spezialleiter auf und kletterte nach oben. Ich hatte die vordere Abdeckung des Werbekastens geöffnet und wollte gerade eine defekte Leuchtstoffröhre ersetzen, da passierte es. Die Leiter wackelte auf einmal. Ich konnte mich gerade noch an der Metallumrandung des Kastens festhalten, da rutschte die Leiter unter meinen Füßen weg und ich hörte nur noch ein lautes Klirren. Mit einem Klimmzug konnte ich mich auf den Werbekasten retten. Dort wartete ich, bis die Feuerwehr kam und mich mit einer Rettungsleiter herunterholte."

Wie ereignete sich der Vorfall? ...

Der Geschäftsführer Benno Sprudel: Ich hatte die Elektrofirma Leuchtemann beauftragt, die Elektrik unseres Werbekastens über dem Schaufenster zu reparieren. Der Monteur kam auch pünktlich um 14.00 Uhr und begann mit seiner Arbeit. Ich habe dann eine ganze Weile nicht auf ihn geachtet, bis ich auf einmal sah, dass die Leiter kippelte und schließlich in mein Schaufenster stürzte, das dabei völlig zerbrach. Ich habe zusammen mit meinen Mitarbeitern noch versucht, die Leiter aus den Glasscherben zu heben, aber das war zu gefährlich. Ich habe dann die Feuerwehr gerufen. Sie kam auch nach einer Viertelstunde und holte den Monteur mit einer Rettungsleiter herunter. Glücklicherweise war er unverletzt. Aber sehen Sie sich nur das Fenster an! Der Schaden ist schon erheblich.

Wie ereignete sich der Vorfall? ...

Welche Folgen hatte der Vorfall? ...

e) **Schreibe nun mit Hilfe der drei Zeugenaussagen und der Notizen einen Bericht über diesen Vorfall.**

Abschlusstest online 3

Großartig! Du hast **Kapitel 3** durchgearbeitet und noch einmal geübt, einen **Bericht** im sachlichen Stil zu schreiben. Du hast auch gelernt, worauf du in einem Erlebnis- und Unfallbericht eingehen solltest und wie du ihn übersichtlich gliederst.

So funktioniert der Abschlusstest online:
Um deinen Lernerfolg zu überprüfen, kannst du nun die Tests online machen. Gehe auf
www.klasse5bis10.klett-lerntraining.de/9B3M
und registriere dich wie vorne im Buch beschrieben.

Welche Tests es gibt, siehst du unten in der Tabelle. Nach jedem Test bekommst du eine Auswertung.

Willst du immer im Blick haben, welche Themen du schon kannst oder was du besser nochmal wiederholen solltest? Dann notiere deine Ergebnisse aus den Abschlusstests in der Tabelle.

Mein Ergebnis im Abschlusstest – Kapitel 3

Thema	Mein Ergebnis
Sachlich berichten	
Erlebnis- und Unfallbericht	

4 Texte erschließen

4.1 Märchen und Sagen

Märchen und Sagen haben die Menschen früher mündlich weitererzählt. Erst viel später wurden sie aufgeschrieben. Sie geben oft **fantastisch** ausgestaltete Geschichten wieder und gehören zu den **literarischen Texten**. Hier einige Merkmale, an denen du Märchen und Sagen erkennst:

Märchen

- Märchen beginnen und schließen oft mit **festen Redewendungen** wie „Es war einmal …". „Und wenn sie nicht gestorben sind …".
- Es bleibt **unklar**, wann und wo die Geschichte spielt.
- Es treten **sprechende Tiere** und **fantastische Figuren** auf (Hexen, Zwerge, Riesen). Viele Figuren kommen immer wieder vor (z. B. die böse Stiefmutter, der König, die Königin …); sie haben meist keine Namen.
- Häufig spielen **magische Zahlen** (z. B. die Drei oder die Sieben), **Zauberformeln** und **Zauberdinge** eine wichtige Rolle.
- Märchen handeln von **Prüfungen** oder **Abenteuern**, die bestanden werden müssen. Meistens siegt am Ende das Gute. Oft erzählen sie auch von **Wünschen**, die sich auf wunderbare Weise erfüllen.

*Tipp: Du verstehst Märchen und Sagen besser, wenn du sie in **Abschnitte** gliederst und jeden Abschnitt mit eigenen Worten wiedergibst.*

Sagen

- Sagen erzählen von **besonderen Persönlichkeiten**, von **Göttern** und **Helden**. Wie im Märchen müssen sie Prüfungen und Abenteuer bestehen, die oft auch fantastische oder wunderbare Züge haben.
- Im Unterschied zu Märchen spielen Sagen aber vor **historischem Hintergrund**. Es werden **Zeit- und Ortsangaben** gemacht, die sich oft nachprüfen lassen, und **Namen** von Personen genannt, die manchmal tatsächlich gelebt haben.

Aufgabe 1

Verbinde jedes Märchen mit dem richtigen Gegenstand.

Rotkäppchen und der Wolf	Kreide
Rapunzel	Spiegel
Der Wolf und die sieben Geißlein	Korb
Dornröschen	Schuh
Aschenputtel	Haar
Schneewittchen	Spindel

Aufgabe 2

Warum handelt es sich beim ersten Textauszug um eine Sage, beim zweiten um ein Märchen? Nenne mehrere Gründe.

In Worms am Rhein herrschte König Gunther gemeinsam mit seinen Brüdern Gernot und Giselher über das Volk der Burgunden. Sie hatten eine Schwester namens Kriemhild. Viele Helden wollten die schöne Kriemhild heiraten, doch sie wies alle zurück, denn sie hatte geträumt, dass sie durch Liebe Leid erfahren würde.

Sage: ______________________________

____

Es war einmal mitten im Winter, und die Schneeflocken fielen wie Federn vom Himmel herab, da saß eine Königin an einem Fenster, das einen Rahmen von schwarzem Ebenholz hatte, und nähte. Und wie sie so nähte und nach dem Schnee aufblickte, stach sie sich mit der Nadel in den Finger, und es fielen drei Tropfen Blut in den Schnee.

Märchen: ______________________________

____

Aufgabe 3

Lies das Märchen.

Der süße Brei

Es war einmal ein armes frommes Mädchen, das lebte mit seiner Mutter allein, und sie hatten nichts mehr zu essen.

Da ging das Kind hinaus in den Wald und begegnete einer alten Frau, die von seinem Jammer schon wusste. Sie schenkte dem Mädchen ein Töpfchen, zu dem sollte es sagen „Töpfchen, koche", so kochte es guten süßen Hirsebrei, und wenn es sagte „Töpfchen, steh", so hörte es wieder auf zu kochen.

Das Mädchen brachte den Topf seiner Mutter heim, und nun waren Armut und Hunger vergessen und sie aßen süßen Brei, sooft sie wollten.

Als das Mädchen wieder einmal ausgegangen war, sprach die Mutter „Töpfchen, koche". Da kochte es, und sie aß sich satt. Als sie aber wollte, dass das Töpfchen wieder aufhört, wusste sie das Wort nicht. Also kochte das Töpfchen weiter, und der Brei stieg über den Rand hinaus und es kochte immerzu, die Küche und das ganze Haus voll, und das zweite Haus und dann die Straße, als wollte es die ganze Welt satt machen, und es herrschte große Ratlosigkeit, und kein Mensch wusste sich da zu helfen.

Endlich, als nur noch ein einziges Haus übrig war, kam das Kind heim und sprach nur „Töpfchen, steh", da stand es und hörte auf zu kochen. Und wer wieder in die Stadt wollte, der musste sich durchessen.

Nach den Brüdern Grimm, die das Märchen um 1806 aufgeschrieben haben

Welche der genannten Merkmale treffen auf dieses Märchen zu? Kreuze sie an und unterstreiche die Sätze oder Stellen im Text, mit denen du deine Auswahl begründen kannst.

a) ☐ Typischer Anfang

b) ☐ Sprechende Tiere

c) ☐ Wünsche, die auf wunderbare Weise erfüllt werden

d) ☐ Magische Zahlen

e) ☐ Zauberdinge und Zauberformeln

Aufgabe 4

Jeder Satz enthält eine Aussage, die den Inhalt des Märchens falsch wiedergibt. Streiche sie durch und berichtige die Sätze.

a) Einst lebte ein Mädchen zusammen mit seinen Eltern im Wald.

Einst lebte ein Mädchen ______________________________.

b) Sie aßen süßen Haferbrei, sooft sie wollten.

____.

c) Endlich, als nur noch zwei Häuser übrig waren, kam das Kind heim.

____

____.

Aufgabe 5

Gib den Inhalt der angegebenen Zeilen und Abschnitte mit deinen eigenen Worten wieder. Verwende das Präsens.

Zeile 1–2:

Zeile 3–6:

Zeile 7–8:

Zeile 9–15:

Zeile 16–18:

Aufgabe 6

Warum haben sich die Menschen das Märchen früher wohl erzählt? Schreibe einen kurzen Text.

____

____

____

Aufgabe 7

Lies die kurze Vorgeschichte und die Sage über Dädalus und Ikarus. Bearbeite dann die Aufgaben.

Vorgeschichte

Dädalus genoss in Athen als Erfinder und Baumeister großes Ansehen. Allerdings war er nicht nur ein kunstfertiger, sondern auch ein eitler Mann: Eines Tages tötete er seinen begabten Schüler und Neffen Talos, weil er dessen Talent und Konkurrenz fürchtete. Dädalus wurde gefangen genommen und wegen Mordes verurteilt, konnte aber fliehen.

Dädalus und Ikarus

Auf seiner Flucht gelangte Dädalus schließlich auf die Insel Kreta. Dort herrschte König Minos, der ihn freundschaftlich aufnahm und als berühmten Künstler schätzte. Doch Dädalus litt bald unter der Herrschaft des Königs, der ihn daran hinderte, die Insel zu verlassen. Er suchte nach einem Ausweg. „Wenn der König über Land und Wasser gebietet, so doch nicht über die Lüfte. Durch die Luft will ich fliehen!", rief er und machte sich gleich ans Werk. Aus Vogelfedern fertigte er ein Flügelpaar, das er mit Wachs verklebte. Er stellte noch ein zweites, kleineres Paar für seinen Sohn Ikarus her und mahnte ihn: „Flieg immer auf der mittleren Bahn, Ikarus, damit du nicht zu tief gerätst und das Meerwasser streifst. Deine Flügel würden feucht und schwer und dich in die Wogen hinabziehen. Komm aber auch der Sonne nicht zu nah, das Gefieder könnte Feuer fangen und verbrennen". Dann legten beide die Flügelpaare an und erhoben sich in die Luft. Ikarus folgte seinem Vater, der auf der günstigen Bahn vorausflog. So kamen sie, ohne in Gefahr zu geraten, an den Inseln Samos, Delos und Paros vorbei und ließen viele andere Küsten hinter sich. Doch Ikarus vergaß bald alle Vorsicht. Übermütig schoss er wie ein Adler durch die Lüfte, flog immer höher und höher der Sonne entgegen. So nah kam er ihr, dass ihre Strahlen schließlich das Wachs, das die Federn zusammenhielt, erweichte. Die Flügel lösten sich auf, und hilflos ruderte Ikarus mit den nackten Armen, bis er schließlich ins Meer stürzte und ertrank. Der unglückliche Dädalus fand die Leiche seines Sohnes später auf einer Insel, die in Erinnerung an das schreckliche Ereignis den Namen Ikaria erhielt.

Nach einer Vorlage von Gustav Schwab erzählt

a) **Kreuze alle Merkmale an, die auf diesen Text zutreffen und zeigen, dass es sich um eine Sage handelt.**

- ☐ Zauberformeln
- ☐ Magische Zahlen
- ☐ Ortsnamen
- ☐ Fantastische Figuren
- ☐ Zauberdinge
- ☐ Personennamen

b) **Schreibe alle Personen- und Ortsnamen heraus, die in der Sage vorkommen, und gib kurz an, was im Text über sie gesagt wird.**

Personennamen	**Ortsnamen**
Dädalus: . . .	*Kreta: . . .*

c) **Auf welche Abschnitte beziehen sich die folgenden Zusammenfassungen? Gib die Zeilen an.**

Zeile ___ bis ___ : Dädalus wird von König Minos aufgenommen.

Zeile ___ bis ___ : Dädalus plant die Flucht und bereitet sie vor.

Zeile ___ bis ___ : Dädalus belehrt Ikarus.

Zeile ___ bis ___ : Dädalus und Ikarus fliegen übers Meer.

Zeile ___ bis ___ : Ikarus wird übermütig und stürzt ins Meer.

Zeile ___ bis ___ : Dädalus findet Ikarus auf einer Insel.

d) **Welche Bedeutung hat das Motiv des Fliegens in dieser Sage? Schreibe einen kurzen Text.**

e) **Welche Lehre könnte man aus dem Verhalten des Ikarus ziehen? Überlege dir wieder einen kurzen Text und schreibe ihn auf.**

4.2 Fabeln

Die Fabel ist ein kurzer literarischer Text, in dem meistens keine Menschen vorkommen. Fast immer treten **Tiere** auf, manchmal auch Pflanzen.
Sie **handeln** und **sprechen stellvertretend für** die **Menschen**, und das Beispiel ihres Verhaltens soll die **Leserinnen und Leser** über ihr eigenes Handeln und Denken **belehren**.

Manchmal wird die **Lehre** (Moral), die Lesende aus der Fabel ziehen sollen, ausdrücklich genannt. Oft ist sie aber im Text versteckt, und du musst sie **erschließen**. Beachte dabei folgende Tipps.

- Überlege genau, wie sich die **Fabeltiere** verhalten und welche **menschlichen Charaktereigenschaften** sie **verkörpern**. Oft handelt es sich dabei um Eigenschaften wie Geiz, Neid, Gier, Dummheit, Faulheit, List, Hilfsbereitschaft, Großzügigkeit oder Klugheit. Einige Tiere treten auch immer wieder in derselben Rolle auf, so stellt der Fuchs meist die List und Schläue, der Löwe Macht und Majestät, der Esel häufig die Dummheit dar.

- Fabeltiere wetteifern oft miteinander und versuchen, einander zu überlisten oder hereinzulegen. Am **Schluss**, dem **Höhepunkt** der Fabel, geht eines der Tiere dann meist als Sieger hervor.
  Mach dir klar, welche menschlichen Eigenschaften in Gestalt der Tiere miteinander streiten und schließlich den Sieg davon tragen oder unterliegen – dann findest du schnell heraus, welche Lehre in der Fabel versteckt ist.

- Die Lehre kann eine Lebensweisheit oder eine moralische Einsicht zum Ausdruck bringen, sie kann auch Kritik an menschlichen Eigenschaften oder gesellschaftlichen Zuständen üben.
  Fasse die **Lehre** in einem **verallgemeinernden Satz** zusammen **oder** gib sie mit einem **Sprichwort** wieder, z. B. „Der Klügere gibt nach“ oder „Wer zuletzt lacht, lacht am besten“.

Aufgabe 8

Wie verhalten sich die Tiere in dieser Fabel? Ergänze die begonnenen Sätze.

Der Löwe und die Maus

Gerade zwischen den Tatzen eines Löwen kam eine leichtsinnige Maus aus der Erde. Der König der Tiere aber zeigte sich wahrhaft königlich und schenkte ihr das Leben. Diese Güte wurde später von der Maus belohnt – so unwahrscheinlich es zunächst klingt. Eines Tages nämlich verfing sich der Löwe in einem Netz, das als Falle aufgestellt war. Er brüllte schrecklich in seinem Zorn, aber das Netz hielt ihn fest. Da kam die Maus herbeigelaufen und zernagte einige Maschen, sodass sich das ganze Netz auseinanderzog und der Löwe frei davongehen konnte.

Nach Äsop (um 600 v. Chr.)

Der **Löwe** ist **großmütig** und ______________________________.

Die **Maus** ist **leichtsinnig** und schließlich ______________________.

Aufgabe 9

Wie verhalten sich der Pfau und die Dohle in der folgenden Fabel? Kreuze das jeweils treffende Adjektiv an.

Der Pfau und die Dohle

Als die Vögel darüber berieten, wer ihr König werden solle, forderte der Pfau, dass man ihn wegen seiner Schönheit in das Amt erhebe. Während die übrigen Vögel damit einverstanden waren, sprach die Dohle: „Angenommen, du bist unser König und der Adler stellt uns nach, wie willst du uns dann beistehen?“

Nach Äsop (um 600 v. Chr.)

Pfau:	☐ gescheit	☐ mutig	☐ eitel	☐ großzügig
Dohle:	☐ neidisch	☐ klug	☐ zornig	☐ schüchtern

Aufgabe 10

Welcher Schluss passt besser zu dieser Fabel? Wähle aus. Achte dabei auch auf die Charaktereigenschaften der Tiere.

Der Rabe und der Fuchs

Ein Rabe saß mit einem Stück Käse im Schnabel auf einem Baum. Vom Duft des Käses angelockt, eilte ein Fuchs herbei. Sogleich begann er, den Raben zu loben: „Oh, Rabe, was bist du für ein wunderbarer Vogel! Wenn dein Gesang ebenso schön ist wie dein glänzendes Gefieder, dann sollte man dich zum König aller Tiere krönen!“
Das schmeichelte dem Raben sehr. Stolz sperrte er seinen Schnabel weit auf, um dem Fuchs etwas vorzusingen. …

Nach La Fontaine (1621–1695)

a) ☐ … Überrascht von dem schönen Gesang des Raben, wandte sich der Fuchs ab und zog neidisch davon.

b) ☐ … Dabei verlor er den Käse. Der Fuchs schnappte ihn rasch auf und lachte über den törichten Raben.

Aufgabe 11

Lies die Fabel und bearbeite dann die Aufgaben.

Der Löwe, der Esel und der Fuchs

Ein Löwe, ein Esel und ein Fuchs gingen gemeinsam auf die Jagd, nachdem sie sich vorher geeinigt hatten, den Raub ganz gleich untereinander aufzuteilen. Ihre Beute war groß. Der Esel erhielt vom Löwen den Befehl, sie aufzuteilen, und ging dabei so gewissenhaft wie möglich zu Werke. Schließlich bat er den Löwen zu wählen. Zornig zerriss der Löwe den Esel und übertrug dem Fuchs eine neue Teilung. Dieser häufte alles zusammen, legte den toten Esel obenauf und verlangte selbst nur ein Geringes für seine Mühe.
„Schön, mein Freund“, sagte der Löwe, „doch sage mir, wer hat dich so teilen gelehrt?“
„Das Schicksal des Esels“, war seine Antwort.

Nach Äsop (um 600 v. Chr.)

a) **Finde für jedes Tier ein Adjektiv, das sein Verhalten treffend wiedergibt.**

Löwe: ______________ Esel: ______________ Fuchs: ______________

b) **Welche Lehre passt zu der Fabel? Kreuze sie an.**

- ☐ Bescheidenheit ist eine Zier.
- ☐ Der Klügere gibt nach.
- ☐ Wenn zwei sich streiten, freut sich der Dritte.

Aufgabe 12

a) **Lies die Fabel und erzähle sie sinnvoll zu Ende. Wird der leckere Braten dem hungrigen Fuchs schmecken? Was denkst du?**

Der Fuchs und der Storch

Eines Tages hatte der Fuchs den Storch zum Mittagessen eingeladen.
Es gab nur eine Suppe, die der Fuchs seinem Gast auf einem Teller vorsetzte. Von dem flachen Teller aber konnte der Storch mit seinem langen Schnabel nichts aufnehmen. Der listige Fuchs indessen schlappte alles in einem Augenblick weg.
Der Storch sann auf Rache. Nach einiger Zeit lud er seinerseits den Fuchs zum Essen ein. Der immer hungrige Fuchs sagte freudig zu, und gierig stellte er sich zur ausgemachten Stunde ein. Lieblich stieg ihm der Duft des Bratens in die Nase. Der Storch hatte das Fleisch aber in kleine Stücke geschnitten und brachte es in einem Gefäß mit langem Hals und enger Öffnung auf den Tisch. …

Nach La Fontaine (1621–1695)

Er konnte mit seinem Schnabel ______________________________

____

____

b) **Überlege dir eine Lehre, die zu deinem Schluss passt.**

____

4.3 Sachtexte

Anders als literarische Texte, die oft fantasievoll ausgestaltete Geschichten erzählen, enthalten Sachtexte **verlässliche Daten**, **Hinweise** und **Auskünfte**. Man nennt sie auch **Gebrauchstexte**, denn du kannst die Informationen, die sie wiedergeben, z.B. für eine eigene Tier- oder Vorgangsbeschreibung verwenden. Sachtexte findest du in Schul- und Sachbüchern, in Zeitungen und Fachzeitschriften, in Lexika und im Internet.

Einen **Sachtext** kannst du auf unterschiedliche Weise lesen:

- Du liest den gesamten Text **Wort für Wort**, wenn die Aufgabenstellung es verlangt oder dich das Thema interessiert.
- Du überfliegst den Text, wenn du ganz **bestimmte Fragen** hast, und liest dann nur die **Stellen** und **Abschnitte** des Textes gründlich nach, die Antwort auf deine Fragen geben.

Markierungen und **Notizen** helfen dir, den Text zu verstehen und auszuwerten. Halte darum immer einen Stift bereit.

- Kennzeichne wichtige Aussagen am Rand mit einem **Ausrufezeichen** (**!**). Aussagen, die du nicht verstanden hast, versiehst du mit einem **Fragezeichen** (**?**). Meist enthalten solch knifflige Stellen schwierige Wörter, die du noch nicht kennst. Schlage sie in einem **Lexikon** oder in einem anderen **Nachschlagewerk** nach, dann wird's einfacher.
- Unterstreiche wichtige Wörter, die sog. **Schlüsselwörter**. Aber Vorsicht: Unterstreiche nur wenige Wörter, sonst wird der Text unübersichtlich.
- Gliedere den Text in **Abschnitte** und fasse sie in **Überschriften** zusammen.
- Sachtexte enthalten manchmal **Grafiken**, **Fotos** oder **Illustrationen**. Schau sie dir genau an und ordne sie den Aussagen im Text zu.
- Lies auch die **Überschrift** genau. Oft verrät sie dir schon, wovon der Text im Einzelnen handeln wird.

Wenn du Informationen aus einem Sachtext mit eigenen Worten wiedergibst, schreibst du im **sachlichen Stil**.

Aufgabe 13

Lies den Text über die Erdmännchen.

Die geselligen Erdmännchen leben in großen Gruppen, den sogenannten Kolonien, die aus mehreren Familien bestehen. Einer Kolonie können bis zu 30 Tiere angehören. Erdmännchen sind tagaktiv, nachts sucht die Gruppe in einem unterirdischen Bau oder in einer Erdspalte Zuflucht. Sie lieben die Wärme und nehmen darum gern ein Sonnenbad.

Typisch für die Erdmännchen ist ihre Arbeitsteilung: Während einige Tiere nach Nahrung suchen, halten andere aus der Gruppe auf den Hinterbeinen sitzend Wache. Sie warnen ihre Artgenossen, wenn Feinde nahen. Dabei wechseln sich die Erdmännchen mehrmals am Tag ab.

a) Wo würdest du nachschlagen, wenn du mehr über die Erdmännchen erfahren möchtest? Kreuze drei Antworten an.

- ☐ Tierlexikon
- ☐ Wörterbuch
- ☐ Fachzeitschrift
- ☐ Internet

b) Vergleiche die folgenden Behauptungen mit dem Text und beantworte sie mit Ja oder Nein.

Erdmännchen leben in großen Gruppen, die man Familien nennt. ____________

Erdmännchen sitzen gern in der Sonne. ____________

Erdmännchen schlafen tagsüber in ihrem unterirdischen Bau. ____________

Erdmännchen warnen ihre Artgenossen, die auf Nahrungssuche sind, vor Feinden. ____________

Aufgabe 14

Lies diesen Text und bearbeite die Aufgaben auf den folgenden Seiten.

Folterkammer für Fahrradhelme

Immer feste druff: wie Experten testen, ob ein Helm wirklich genug aushält

Wenn es gut läuft, hat ein Fahrradhelm zwei Eigenschaften: Er schützt ordentlich, und er sieht gut aus. Das mit dem gut Aussehen klappt nicht immer, finden viele Kinder. Und wie gut er schützt, wird an Maschinen getestet – man kann ja schließlich keine Kinder testweise Unfälle bauen lassen. Im bayerischen Landsberg steht ein solches Testlabor. Dort prüft der Autoclub ADAC neue Kinderhelme.

In der Werkstatt ist ein rosafarbener Mädchenhelm auf einen Kopf aus Aluminium gespannt. Dann drückt ein Mitarbeiter auf einen Knopf. Eine Maschine lässt den Kopf mit dem Helm nach unten sausen. Am Boden knallt der Helm auf eine Ecke aus Stahl. Die ist so spitz wie eine Bordsteinkante. Er eiert herum und hat eine Delle.

Trotzdem hat er den Test bestanden. In dem Alu-Kopf sind Sensoren, die den Aufprall gemessen und die Daten an einen Computer weitergegeben haben. So finden die Prüfer heraus: Der Helm hat den Aufprall genug abgedämpft. Wäre das ein echter Sturz gewesen, hätte der Helm der kleinen Radfahrerin wahrscheinlich das Leben gerettet. Nach dem Versuch landet der Helm im Müll. Selbst wenn er von außen noch unbeschädigt aussehen würde, müsste er weggeworfen werden. Auch wenn man es ihm nicht ansieht, kann er von innen angeknackst sein und würde dann nicht mehr schützen. Man muss einen neuen kaufen.

Noch fünfmal wiederholen die Prüfer den Test, mit immer neuen rosafarbenen Helmen. Dabei ändern sie auch die Temperatur im Labor: Mal ist es 15 Grad warm – Frühlingswetter. Und danach ist es eisige minus 20 Grad kalt. Das Plastik darf auch bei Kälte nicht schneller splittern.

Die nächste Maschine testet, wie fest der Helm auf dem Alu-Kopf sitzt. An seiner Rückseite wird ein Drahtseil befestigt. Mit einem Ruck zieht das Seil am Helm. Der Helm rutscht nicht ab – bestanden. Danach schauen sich die Prüfer den Helm noch mal genau an.

Ist er bequem? Oder schwitzt der Fahrer darunter? Wichtig ist, dass der Helm Luftschlitze hat. Die sollten aber mit einem Netz geschützt sein, damit nicht plötzlich während der Fahrt ein Insekt unter den Helm gerät: Wer eine aufgeregte Biene ins Haar kriegt, würde wohl ganz sicher einen Unfall bauen.

Aus: Dein Spiegel, Nr. 7/2010, S. 36

a) **Um welche Textsorte handelt es sich bei diesem Text? Kreuze an.**

- ☐ Kapitel aus einem Sachbuch
- ☐ Erzählung
- ☐ Werbeanzeige
- ☐ Zeitungsreportage

b) **Notiere stichwortartig, was die beiden Wörter bedeuten. Du kannst auch in einem Lexikon nachschlagen, wenn du unsicher bist.**

Aluminium (Zeile 7): ______________________________

____

Sensor (Zeile 12): ______________________________

____

Aufgabe 15

a) **Schau dir die beiden Überschriften des Textes an. Welcher der folgenden Sätze gibt ihre Aussage am treffendsten wieder?**

Ich erfahre,

- ☐ … ob Fahrradhelme getestet werden.
- ☐ … ob Fahrradhelme stabil genug sind.
- ☐ … wie man herausfindet, ob Fahrradhelme gut genug schützen.
- ☐ … wie Fahrradhelme getestet werden.

b) **Unterstreiche wichtige Schlüsselwörter in dem Text. Orientiere dich bei deiner Auswahl auch an der Aussage der Überschriften.**

c) Vergleiche die folgenden Behauptungen mit dem Text „Folterkammer für Fahrradhelme". Kreuze die richtigen Aussagen an und berichtige die falschen.

① ☐ Die Testmaschine lässt den Helm auf eine Bordsteinkante knallen.

② ☐ In dem Kopf aus Aluminium ist ein Computer installiert, der die Testergebnisse auswertet.

③ ☐ Ein Helm könnte innen beschädigt sein, auch wenn man ihm das von außen nicht ansieht.

④ ☐ Der Helm wird im Labor bei frühlingshaften 20 Grad und frostigen 15 Grad minus getestet.

⑤ ☐ Der Helm muss mit Luftschlitzen ausgestattet sein, die durch ein Netz vor Insekten schützen.

Berichtigte Aussagen: ____________________

____

____

____

Aufgabe 16

a) Wie finden die Prüfer heraus, ob ein Helm einen Sturz ausreichend abdämpft? Trage zunächst ein, in welchen beiden Abschnitten diese Tests beschrieben werden.

Zeile ______ bis ______

Zeile ______ bis ______

b) Fasse nun die wichtigen Informationen, die diese beiden Abschnitte enthalten, zusammen.

____

____

____

____

Aufgabe 17

Lies diesen Artikel und bearbeite dann die Aufgaben auf der folgenden Seite.

Unsere Lebensmittel sollen gut schmecken und das möglichst lange. Deshalb beschäftigen sich die Menschen schon seit Urzeiten damit, wie sie Nahrungsmittel am besten konservieren und damit vor Bakterien und Schimmelpilzen schützen können. […].

Vor allem Fleisch und Fisch galt es lange Zeit vor dem Verderben zu bewahren. Schon früh kam man dahinter, dass Trocknen, Räuchern oder starkes Einsalzen die Haltbarkeit enorm verlängern kann, da auf diese Weise Bakterien und Pilze an der Vermehrung gehindert werden. Die Lebensmittel bekamen durch die Konservierungsmethoden einen eigenen Geschmack, auf den wir – wie etwa bei Schinken oder Räucheraal – bis heute nicht verzichten wollen.

Auch andere Lebensmittel lassen sich trocknen, zum Beispiel Obst. Dabei wird etwa aus einer Weintraube eine Rosine. Allerdings gehen dabei wertvolle Vitamine verloren. Ein Umstand, der vor allem bei der Seefahrt dramatische Konsequenzen hatte: Auch wenn die Seeleute mit genügend haltbaren Lebensmitteln ausgestattet waren, so starben doch viele von ihnen an der Mangelerkrankung Skorbut.

Erst im 18. Jahrhundert fand man heraus, wie die „Pest der Seefahrt“ verhindert werden kann. Frisches Obst und Gemüse enthalten genügend Vitamin C, um den Ausbruch der Krankheit zu verhindern. Frischkost war allerdings auf hoher See nur schwer zu beschaffen. Als relativ haltbar und dennoch vitaminreich erwies sich Sauerkraut, mit dem die Seeleute ihren Proviant anreicherten.

Im 18. und 19. Jahrhundert wurden die Konservierungstechniken verbessert, die wichtigste Entwicklung war schließlich die Erfindung der Konservendose. Die Dose umschloss die kostbaren Lebensmittel mit einem Tresor aus Weißblech, der Pilzen und Bakterien einen Angriff auf Obst, Gemüse, Fleisch und Brot verwehrte.

Wenige Jahrzehnte später kam das Weckglas auf den Markt, das mit seinem luftabschließenden Gummiring ebenfalls Schutz vor dem vorzeitigen Verfall bot und – anders als die Konservendose – auch im Haushalt zur Frischhaltung eingesetzt werden konnte.

Zu dieser Zeit begann sich auch das Tiefkühlen als ein ausgezeichnetes Mittel zur Konservierung durchzusetzen, allerdings noch nicht für die privaten Küchen. Die Kühltruhe wurde erst viel später zum Standard.

Etwas früher, in den 50er Jahren des 20. Jahrhunderts, hatten die meisten Haushalte einen Kühlschrank, was die Lagerfähigkeit vieler Lebensmittel enorm verbesserte. […]

Malte Linde

a) **Worum geht es in diesem Text? Kreuze an.**

- ☐ Frische Lebensmittel
- ☐ Haltbarmachung von Lebensmitteln

b) **In den ersten beiden Absätzen sind die Schlüsselwörter schon unterstrichen. Welche Wörter sind in den folgenden Absätzen besonders wichtig? Unterstreiche sie.**

c) **Finde für jeden Absatz eine passende Überschrift. Orientiere dich dabei auch an den unterstrichenen Schlüsselwörtern. Du kannst die Überschriften hier eintragen oder an den Rand des Textes schreiben.**

Zeile 1 bis 4 ______________________________

Zeile 5 bis 10 ______________________________

Zeile 11 bis 16 ______________________________

Zeile 17 bis 22 ______________________________

Zeile 23 bis 27 ______________________________

Zeile 28 bis 31 ______________________________

Zeile 32 bis 37 ______________________________

d) **Welche Verfahren haben die Menschen erfunden, um Lebensmittel länger aufbewahren zu können? Fasse alle Informationen des Artikels mit deinen eigenen Worten zusammen.**

____

____

____

____

____

____

____

____

____

Abschlusstest online 4

Glückwunsch! Du hast **Kapitel 4** durchgearbeitet. Nun weißt du wieder, worauf du achten musst, wenn du ein **Märchen**, eine **Sage** oder **Fabel** oder einen **Sachtext** besser verstehen möchtest.

So funktioniert der Abschlusstest online:
Um deinen Lernerfolg zu überprüfen, kannst du nun die Tests online machen. Gehe auf
www.klasse5bis10.klett-lerntraining.de/9B3M
und registriere dich wie vorne im Buch beschrieben.

Welche Tests es gibt, siehst du unten in der Tabelle. Nach jedem Test bekommst du eine Auswertung.

Willst du immer im Blick haben, welche Themen du schon kannst oder was du besser nochmal wiederholen solltest? Dann notiere deine Ergebnisse aus den Abschlusstests in der Tabelle.

Mein Ergebnis im Abschlusstest – Kapitel 4

Thema	Mein Ergebnis
Märchen, Sagen, Fabeln	
Sachtexte	

Lösungen

1 Erzählen

Aufgabe 1

waagerecht: Tau, Haus, Tod, hell, klitze-, Bienen, Himmel, Messer
senkrecht: Pech, Blitz, ur-, Kerzen, bitter, Samt

kerzengerade, **blitz**blank, **bitter**kalt, **hell**wach, **tod**schick, **haus**hoch, **tau**frisch
samtweich, **messer**scharf, **bienen**fleißig, **pech**schwarz, **ur**alt, **himmel**blau, **klitze**klein

Aufgabe 2

a) regnerisch b) singen

Aufgabe 3

Wagen	**Auto**	einst	**damals**
bunt	**farbig**	neu	**ungebraucht**
beginnen	**anfangen**	auch	**ebenfalls**
Schluss	**Ende**	haben	**besitzen**
aufmachen	**öffnen**	oft	**mehrfach**
witzig	**komisch**	fremd	**unbekannt**
benutzen	**gebrauchen**	lustig	**vergnügt**
kriegen	**bekommen**	zornig	**ärgerlich**

Aufgabe 4

1. Morgen	↔	**A**bend	6. jung	↔	**a**lt
2. oben	↔	**u**nten	7. spannend	↔	**l**angweilig
3. süß	↔	**s**auer	8. außen	↔	**i**nnen
4. fröhlich	↔	**t**raurig	9. heiter	↔	**e**rnst
5. glatt	↔	**r**au	10. trocken	↔	**n**ass

Lösungswort: **Australien**

Aufgabe 5

a) Bild 1: bummeln; Bild 2: schleichen; Bild 3: watscheln; Bild 4: rennen
b) gehen: laufen, stolzieren, schlurfen, schlendern, marschieren, spazieren, tapsen, staksen, huschen, stapfen …

Aufgabe 6

Lösungsvorschläge:
sehen: blicken, schauen, starren, beobachten, gucken, erkennen, bemerken, spähen, betrachten, wahrnehmen, glotzen, bemerken, äugen, linsen, entziffern …

Aufgabe 7

a) schimpfte b) flüsterte c) staunte d) rief
e) fragte f) erklärte g) schrie h) stöhnte

Aufgabe 8

a) Luca stand als Erster auf, denn er musste seinen Rucksack noch packen.
b) Alle waren enttäuscht, **als** es am nächsten Morgen regnete. (Auch möglich: Alle waren enttäuscht, **denn** am nächsten Morgen regnete es.)
c) Ich suchte Holz fürs Lagerfeuer, **während** die anderen das Zelt aufbauten. (Auch möglich: Ich suchte Holz fürs Lagerfeuer, **als** die anderen das Zelt aufbauten.)
d) Lea hatte ihr Rad angeschlossen, **doch** als sie zurückkam, war es weg. (Auch möglich: **Obwohl** Lea ihr Rad angeschlossen hatte, war es weg, als sie zurückkam.)

Aufgabe 9

Lösungsvorschläge:

a) **Schon** von Weitem sahen wir die lange Schlange vor dem Eisstadion.
b) „Ob wir nicht doch die Polizei rufen sollten?", **fragte er die anderen. Ratlos sah er in die Runde.**

Aufgabe 10

	A	B	C	D
Ausrufe	×			×
Fragen		×	×	
Andeutungen, Vorausdeutungen				×
Signale	×		×	×
Unvollständige Sätze		×	×	

A Lucie hielt den Atem an. Da! Wieder dieses Rascheln! Ganz vorsichtig zog sie den Vorhang zurück.
B Aber … Steffen traute seinen Augen nicht. Wie konnte das sein?
C Sie hörten ein Stampfen und Knurren hinter sich. Ängstlich schauten sie zurück. „Was … Was ist denn das?", stammelte Micky.
D So sehr Suse und Ole auch an der Tür rüttelten, sie gab nicht nach. „Von außen verriegelt", stöhnte Suse, „wir sitzen in der Falle." Ratlos sahen sich beide um. „Moment mal!", rief Ole plötzlich, „ich hab eine Idee!"

Aufgabe 11

Lösungsvorschläge:

a) Auweia, ist das Gerüst hoch. Und wie sie alle kreischen, wenn die Wagen nach unten sausen! Bestimmt haben sie auch Angst! Was passiert, wenn sich mein Gurt löst? Vielleicht wird mir auch schwindelig? Nein, da steige ich nie und nimmer ein!

b) Plötzlich blieb Lissy wie angewurzelt stehen. Wo waren ihre Freunde? War sie vom Weg abgekommen? Ängstlich leuchtete sie mit ihrer Taschenlampe umher. Die dunklen Baumstämme wirkten jetzt noch gespenstischer. „Hallo, hört ihr mich“, rief Lissy mit zitternder Stimme. Sie lauschte in den Wald hinein, doch niemand antwortete. Ich muss den Weg zurücklaufen, schoss es ihr durch den Kopf. Vielleicht hole ich die anderen noch ein. Ob sie schon nach mir suchen?

Aufgabe 12

a) Traurigkeit	b) Fröhlichkeit	c) Ärger	d) Angst
e) Mut	f) Unsicherheit	g) Erleichterung	h) Spannung

Aufgabe 13

Text B schildert Sonjas Freude am anschaulichsten. Ihre Verhaltensweise wird dargestellt (*Sonja hopste von einem Bein aufs andere. / Außer sich vor Freude fiel sie ihrer Mutter um den Hals. / … rief sie aufgeregt*). Auch die Fragen und der Ausrufesatz wirken sehr anschaulich (*Wirklich? Ich darf mit auf den Reiterhof?“ / „Oh, das habe ich mir so gewünscht!“*)
Die Texte A und C teilen den Lesenden Sonjas Freude zwar mit (*Sonja freute sich riesig. … da freue ich mich.*), lassen sie aber nicht daran teilnehmen.

Aufgabe 14

a) rief	b) flüsterte (auch möglich: fragte)		c) Vorsichtig
d) Ungeduldig	e) starrte	f) jammerte	g) zögerte
h) sprang	i) fragenden (auch möglich: ungläubigen)		

Aufgabe 15

Lösungsvorschlag:

Oje, was mache ich nur! An dem riesigen Hund komme ich doch nie vorbei! Er reicht mir ja fast bis zu den Schultern. Wenn er mich anspringt, falle ich bestimmt um. Ich werde einfach hier warten. Sicher ist sicher! Wahrscheinlich kommt der Besitzer gleich zurück, und Hund und Herrchen gehen gemeinsam fort.

Aufgabe 16

	A	B	C	D	E
Ich-Erzähler	×			×	
Er-/Sie-Erzähler		×	×		×

Die Texte B, C, E, die alle in der Er-/Sie-Form erzählt werden, kann man noch genauer beschreiben: Text B wird aus der Sicht einer am Geschehen beteiligten Figur erzählt (Tim), die nur ihre eigenen Eindrücke, Gedanken und Gefühle wiedergeben kann. Bei den Texten C und E steht der Erzähler dagegen außerhalb des Geschehens. Er sieht allwissend in jede Figur hinein (Text C: … *dachte Herr Krause* … *dachte der Polizist*) und kommentiert das Geschehen und das Verhalten (Text E: … *um nur immer recht geputzt einherzugehen* … *Er kümmerte sich nicht* …).

Aufgabe 17

b), c), e)

Aufgabe 18

Tina überlegte. Hatte sie es vielleicht schon gestern Abend in die Schultasche gesteckt? Schnell durchwühlte sie alle Fächer, aber auch im Ranzen war es nicht.
Ich überlegte: Hatte ich es vielleicht schon gestern Abend in die Schultasche gesteckt? Schnell durchwühlte ich alle Fächer, aber auch im Ranzen war es nicht.
Tina nahm ihre Jacke von der Garderobe, schnappte ihren Ranzen und lief los.
Ich nahm meine Jacke von der Garderobe, schnappte meinen Ranzen und lief los.

Aufgabe 19

a) **Präteritum**: Sie **waren** froh, denn der Regen **ließ** endlich nach.
b) **Präsens**: Der Picknickkorb **ist** gepackt, es **kann** losgehen.
c) **Futur**: Eine Reise zum Mars **wird** ungefähr neun Monate **dauern**.
d) **Plusquamperfekt**: Sie **hatten** das Zelt am Abend zuvor **aufgebaut**.
e) **Präteritum**: Die Halloween-Party **sollte** um 18.00 Uhr beginnen.
f) **Futur**: Ob ihm das Geschenk **gefallen wird**?
g) **Plusquamperfekt**: Wie **hatte** er das nur vergessen können?
h) **Präteritum**: Die Gegend **erinnerte** an eine Mondlandschaft.
i) **Plusquamperfekt**: Er **hatte** den Ausflug schon vor Wochen **geplant**.

Aufgabe 20

Endlich war es so weit! In den vergangenen Wochen **hatten** Lotte und Björn jede freie Minute im Garten verbracht, um den alten Schuppen, den ihr Großvater ihnen überlassen **hatte**, wieder herzurichten. Unermüdlich **hatten** sie gehämmert, geschraubt und gesägt – allein für den Innenanstrich **hatten** sie vier Eimer Farbe **verbraucht**! Nun, pünktlich zu Ferienbeginn, konnten sie einziehen. Was ihre Freundinnen und Freunde wohl sagen **werden**, wenn sie morgen zur Einweihungsfeier kommen!

Aufgabe 21

Folgende Stichworte gehören in eine Einleitung und müssen unterstrichen sein.
Nachmittagsvorstellung um 17.00 Uhr / Zirkuszelt / Sina und ihre beste Freundin Lella suchen ihre Plätze / Plätze in der 1. Reihe

Wer?	Sina und ihre beste Freundin Lella
Wo?	Zirkuszelt, Plätze in der 1. Reihe
Was?	Vor Beginn einer Zirkusvorstellung (Sina und Lella suchen noch ihre Plätze.)
Wann?	Nachmittagsvorstellung um 17.00 Uhr

Alle anderen Stichworte gehören in den Hauptteil, denn sie beziehen sich auf die Vorstellung, die den anderen Angaben zufolge noch gar nicht begonnen hat (vgl. Sina und ihre beste Freundin Lella suchen ihre Plätze).

Aufgabe 22

Die hervorgehobenen Stellen fehlen in Einleitung B.
Einleitung A:
„Beeil dich, sonst verpassen wir den Zug", rief Max. Steffel konnte **ihrem Bruder** kaum folgen, so dicht war das Gedränge in der Bahnhofshalle. **Warum nur musste alle Welt gleich am ersten Ferientag verreisen?** Zum Glück kannten beide den Weg, denn sie fuhren nicht zum ersten Mal allein **zu den Großeltern** aufs Land. **Bahnsteig 2**, **Gleis 4**. Der Zug war schon eingefahren. Sie warfen ihre Taschen in einen der Wagen und sprangen schnell hinterher. „Geschafft!" Max atmete auf. „Nun kann nichts mehr schiefgehen!" – **Doch da irrte er sich**.

In **Einleitung B** wird nicht erwähnt, dass Max und Steffel Geschwister sind. (**Wer?**)
Ebenso fehlt der Hinweis auf die Großeltern.
Es wird nicht erzählt, dass sich die Geschichte am ersten Ferientag ereignet. (**Wann?**)
Es fehlt eine genauere Angabe des Ortes. (**Wo?**)
Es wird **nicht angedeutet**, dass noch etwas Aufregendes passieren wird.

Einleitung A führt die Leserinnen und Leser darum besser in die Ausgangssituation ein und macht sie neugieriger auf die folgende Geschichte.

Aufgabe 23

- Raffi sucht in der Schultasche, in den Hosentaschen: Der Fahrradschlüssel ist weg … **Hauptteil**
- Raffi will alle Schlüssel jetzt immer an einem Band um den Hals tragen. **Schluss**
- Schulschluss. Raffi läuft zum Fahrradständer. Er freut sich aufs Fußballtraining am Nachmittag. **Einleitung**

Aufgabe 24

a)

2. Erzählschritt: Das Flugzeug reagierte nicht. Die Fernsteuerung funktionierte nicht mehr.
1. Erzählschritt: Testflug. Der Start lief einwandfrei. Ich drehte Kurven, Loopings, alles klappte.
3. Erzählschritt: Das Flugzeug war verschwunden. Es war über dem Garten der Nachbarn Wunderlich abgestürzt.

b)

<u>Ich klingelte ängstlich.</u> (Hier sollte Leo seine Gedanken und Gefühle anschaulich wiedergeben, damit seine Leserinnen und Leser daran teilnehmen können. Das erhöht die Spannung.)
<u>Frau Wunderlich und ich schauten im Garten nach.</u> (Die Lesenden sind gespannt zu erfahren, wie sich die „grimmige" Frau Wunderlich verhält und wie der „ängstliche" Leo ihr begegnet. An dieser Stelle des Höhepunkts sollte Leo die wörtliche Rede verwenden.)

c)

<u>Frau Wunderlich lachte.</u>
<u>„Das lassen wir einfach so, ein ähnliches Kunstwerk hab ich schon mal in Berlin gesehen."</u>

d)

Schluss B rundet Leos Erzählung **besser** ab.
Begründung: Leo sieht ein, dass er sich in Frau Wunderlich getäuscht hat, ihre freundliche Einladung unterstreicht das. Er zieht eine Lehre aus seinem Irrtum. Schluss B greift darum wichtige Motive des Höhe- und Wendepunkts auf und führt sie zu einem Ende (Höhepunkt: Haben beide immer einen grimmigen Gesichtsausdruck; offenbar keine Menschenfreunde ↔ Schluss: Das hatte ich wirklich nicht erwartet. Wie freundlich Frau Wunderlich war! … Der erste Eindruck von einem Menschen kann doch sehr täuschen …).
In **Schluss A** wird dagegen nur erwähnt, dass Frau Wunderlich „sehr nett" reagiert hat und Leo schließlich nach Hause geht. Auf Motive, die am Höhepunkt eine wichtige Rolle gespielt haben, wird nicht eingegangen: Es wird nicht erzählt, wie überrascht Leo nach seinen anfänglichen Bedenken gewesen sein muss. Ebenso wenig erfahren die Lesenden, ob und wie das Erlebnis Leos Einschätzung verändert hat.

Aufgabe 25

A In diesem Ausschnitt **spricht ein Tier**, der Star Pepe Pieper. Der Text passt darum nicht in eine Erlebniserzählung, in der nur Figuren auftreten dürfen, die glaubhaft sind und den Leserinnen und Lesern auch in der Wirklichkeit begegnen könnten.

B Hier tritt eine **Figur** auf, **die** mit Flügeln ausgestattet ist und **fliegen kann**. Das ist unwahrscheinlich und nicht glaubhaft. Dieser Ausschnitt gehört darum in eine Fantasieerzählung, nicht in eine Erlebniserzählung.

Aufgabe 26

a) Ein Zaubertrick mit Folgen

b) Die geheimnisvolle Wanduhr

c) Seltsame Spuren im Sand

Aufgabe 27

a)

Selbst unter der Wohnzimmercouch sah Nane nach, aber …

Korrektur: Selbst unter der Wohnzimmercouch sah ~~Nane~~ **ich** nach, aber …

„Emmi", rief Nane, „komm, es gibt dein Lieblingsfressen!" Dazu schlug sie mit dem Löffel ans Näpfchen.

Korrektur: „Emmi", rief ~~Nane~~ **ich**, „komm, es gibt dein Lieblingsfressen!" Dazu schlug ~~sie~~ **ich** mit dem Löffel ans Näpfchen.

b)

Lösungsvorschlag:

„Hallo, Nane", hörte ich unseren Nachbarn Herrn Löffle da rufen. „Ist Emmi weggelaufen?" „Nein", antwortete ich, „aber sie sitzt ganz oben im Baum und traut sich nicht herunter. Ob wir die Feuerwehr holen müssen?" „Nicht nötig", beruhigte mich Herr Löffle, „das haben wir gleich!"

c)

Die folgenden beiden Stellen könnten im Präsens stehen. Es ist auch möglich, nur an der zweiten Stelle ins Präsens zu wechseln.

Am Baumstamm angelangt, wartete sie nicht etwa auf ihren Retter, im Gegenteil, sie kletterte immer höher.

Präsens: Am Baumstamm angelangt, wartet sie nicht etwa auf ihren Retter, im Gegenteil, sie klettert immer höher.

Langsam stieg er weiter hinauf, bis er Emmi endlich einholte. Er hielt sich mit der rechten Hand an der Leiter fest, mit der linken wollte er gerade nach ihr greifen, da ging plötzlich alles blitzschnell: Rasch hangelte sich Emmi rückwärts am Baumstamm hinunter. Unten angekommen schüttelte sie sich kräftig, dann flitzte sie zur Terrassentür und verschwand im Haus.

Präsens: Langsam steigt er weiter hinauf, bis er Emmi endlich einholt. Er hält sich mit der rechten Hand an der Leiter fest, mit der linken will er gerade nach ihr greifen, da geht plötzlich alles blitzschnell: Rasch hangelt sich Emmi rückwärts am Baumstamm hinunter. Unten angekommen schüttelt sie sich kräftig, dann flitzt sie zur Terrassentür und verschwindet im Haus.

d)
Lösungsvorschlag:
Verblüfft sahen wir Emmi hinterher. Dann mussten wir beide laut lachen. „Heute hat Emmi bestimmt viel dazugelernt", sagte Herr Löffle, während er die Leiter herunterkletterte. Ich bedankte mich bei ihm und lief ins Haus. Emmi lag auf dem Sofa und schnurrte, als ich sie streichelte. Wir waren beide erleichtert, dass dieses Abenteuer ein gutes Ende genommen hatte.

e)
Lösungsvorschläge:
Emmis großes Abenteuer / Emmi will hoch hinaus

Aufgabe 28

b), d), e), g)

Aufgabe 29

	Ja	Nein
a) Eine Fantasieerzählung muss nicht glaubwürdig sein.	x	
b) Sie wird immer im Präsens erzählt.		x
d) Sie hat keinen Höhepunkt.		x
e) Du darfst auch Träume erzählen.	x	
f) Sie wird in drei Teile gegliedert (Einleitung, Hauptteil, Schluss).	x	
g) Sie darf keine wörtliche Rede enthalten.		x
h) Es können sprechende Tiere, Pflanzen oder Gegenstände vorkommen.	x	
i) Sie handelt oft von fantastischen und unwahrscheinlichen Ereignissen.	x	

Aufgabe 30

a)

Wer? Astro-Lehrling im ersten Lehrjahr
Wo? Schul-Raumschiff Pluto 5
Wann? 4. Juli 2089
Was? Astro-Lehrling soll allein Außenarbeiten durchführen; erster Ausflug ins All

b)

Der Satzbau, vor allem die Satzanfänge sind nicht abwechslungsreich genug gestaltet (*Ich hatte … Ich sollte … Ich scrollte … Ich war …*).

c)

Lösungsvorschlag:
Es geschah am 4. Juli im Jahre 2089. Ich war Astro-Lehrling auf dem Schul-Raumschiff Pluto 5 und hatte einen wichtigen Tag vor mir. Zum ersten Mal sollte ich Außenarbeiten durchführen, und das ganz allein! Was für eine große Ehre für einen Astronauten im ersten Lehrjahr! Aufgeregt scrollte ich noch einmal alle elektronischen Handbücher durch, übte wichtige Handgriffe und kontrollierte meinen Raumanzug. „Du bist bestens vorbereitet für deinen ersten Ausflug ins All", beruhigte ich mich, „da kann gar nichts schiefgehen." Doch da täuschte ich mich.

d)

1. Erzählschritt:
- Der Ausstieg klappte ohne Schwierigkeiten.
- Kollegen passten gut auf und halfen mir.

2. Erzählschritt:
- Ich wollte die Verklinkung meiner Sicherungsleine prüfen.
- Ich sah ein grelles Licht.

3. Erzählschritt:
- Es kam direkt auf mich zu.
- Ich erkannte eine Gestalt in einem langen weißen Gewand.

e)

Lösungsvorschlag:
Höhepunkt: Das musste ein Astro-Gespenst sein! Immer näher kam es, bis mich sein greller Schein schließlich so sehr blendete, dass ich gar nichts mehr sah. Ich schrie aus Leibeskräften. Dann verlor ich den Halt und schwebte frei im All.
„Wie hatte das nur passieren können?", fragte ich mich verzweifelt. Hatte das Gespenst etwa die Sicherungsleine übernommen? Immer weiter entfernte ich mich vom Raumschiff. Doch dann – endlich – sah ich, wie sich die Ausstiegsluke öffnete. Ich erkannte meine Kollegen Linda und Lasse. Linda blieb auf dem Raumschiff, während Lasse in meine Richtung schwebte. Er war angekoppelt und schoss mir mit einer Raumharpune ein Rettungsseil zu. Zweimal griff ich ins Leere, dann bekam ich es schließlich zu fassen. Schnell koppelte ich mich an, und Linda zog mich zurück an Bord.

Aufgabe 31

Lösungsvorschlag:

Schluss: Dort empfingen mich meine Kolleginnen und Kollegen erst einmal mit Keksen und einer Luna-Limo. Bald hatte ich mich von meinem Schreck erholt und erzählte allen von meinem Abenteuer. Unser Kapitän lachte und erklärte mir. „Da ist einfach deine Fantasie mit dir durchgegangen. Du hast einen Kometensplitter mit einem Gespenst verwechselt."

Aufgabe 32

Lösungsvorschläge:

Mein erster Ausflug ins All / Mein erstes Abenteuer im All / Unheimliche Begegnung im All

Aufgabe 33

Tanja hat eines der drei Reizwörter in ihren Notizen berücksichtigt (Notiz f): „Blechdose". Die beiden anderen Begriffe fehlen.

Lösungsvorschläge:

Notiz **c)** **besser: Dachziegel** werden ersetzt

Notiz **h)** **besser:** Wir öffnen die Dose → **Schmuck**

Aufgabe 34

a)

Wer war am Geschehen beteiligt? Polizei, die elfjährige Reni, Tierschützerin, Schaulustige, Alligator

Wann ereignete es sich? Ostermontag

Wo ereignete es sich? Bernsteinhausen, Bahnhofsstraße

Was geschah? Polizei fing ein Krokodil ein, das aus einem Zirkus ausgebrochen war. Die elfjährige Reni M. informierte die Polizei mit ihrem Handy.

b)

<u>Mit einigen Tricks gelang es der Polizei, den ca. ein Meter langen Mississippi-Alligator am Maul zu fesseln und abzutransportieren.</u>

Diese Stelle solltest du ausführlich und spannend ausgestalten, sie könnte den Höhe- und Wendepunkt deiner Erzählung bilden. Überlege dir z. B. genau, mit welchen Tricks die Polizei das Krokodil eingefangen haben könnte, wie sie es gefesselt hat, was sich die Polizistinnen und Polizisten dabei zugerufen haben mögen usw.

Aufgabe 35

a)

Ich-Erzähler (Du musst die Perspektive des Erzählanfangs übernehmen: … *arbeitete ich; Ich sah mich um.*)

b)

im Präteritum

c)

Lösungsvorschlag:

Am Abend des 18. Juni 2050 erhält ein Angestellter (= Ich-Erzähler) der Firma Robo Zauber von seinem Chef Mr. Magic, einem genialen Erfinder von Robotern, den Auftrag, die Werkhalle aufzuräumen. Der Angestellte ist allein in der Werkhalle, da Mr. Magic eine Verabredung hat. Dort lässt er sich von einem besonders vielseitig einsatzbaren Roboter beim Aufräumen helfen. Das Gerät ist noch eingeschaltet und beginnt gleich mit der Arbeit.

d)

Der vorgegebene Erzählanfang bricht zu Beginn des Hauptteils ab (1. Erzählschritt: *Ich drückte auf …*). Es fehlen also noch weitere steigernd aufgebaute Erzählschritte, der Höhepunkt der Erzählung und der Schluss.

Lösungsvorschlag (Fortsetzung):

… Bobby sammelte alle Notizzettel ein, die lose herumlagen, und heftete sie zusammen. Im Nu hatte er die Büroklammern aufgehoben und in einer Schachtel verstaut. Er stapelte Stühle aufeinander und rückte Tische zurecht. Zum Schluss fegte Bobby noch die gesamte Werkhalle aus und polierte den Boden blitzblank. „Wunderbar!", dachte ich und wollte ihn gerade in seine Nische lenken, da passierte es: Eigentlich hätte Bobby sich nun mit einem kurzen Piepston abschalten müssen. Doch was machte er? Mit seinen ruckartigen Bewegungen begann er aufs Neue, die Halle zu sichten. Abermals schnarrte und brummte er, und dann – ich traute meinen Augen nicht – griff er nach den Stühlen und stellte sie wieder zurück. Er brachte auch die Tische wieder in Unordnung, schmiss mit den Büroklammern um sich und riss die zusammengehefteten Notizzettel auseinander. Jetzt warf er die Stühle auch noch aus dem Fenster! Aufgeregt drückte ich mehrmals die Stopp-Taste, aber vergeblich, Bobby war nicht aufzuhalten. Was hatte ich nur falsch gemacht? Hastig suchte ich nach der Bedienungsanleitung. Vermutlich lag sie im Schrank am Ende der Halle. Ich sprang auf und lief los. Doch kaum näherte ich mich Bobby, stellte er sich mir auch schon in den Weg. Er streckte seine Greifarme nach mir aus und funkelte dabei bedrohlich mit seinen metallenen Augen.

Das war wirklich zum Fürchten! Ich wagte nicht, mich zu bewegen. Erst als Bobby sich umdrehte und in einer anderen Richtung weiterwütete, konnte ich mich in eine Ecke kauern.

Ängstlich wartete ich in meinem Versteck, bis schließlich Mr. Magic zurückkam. Wie sollte ich ihm das alles nur erklären? Kopfschüttelnd schaute er sich in der Halle um. Dann ging er zur Schalttafel, drückte einige Tasten – und siehe da: Wie verwandelt fing Bobby wieder an aufzuräumen. „Das Programm hatte einen Fehler", sagte Mr. Magic, „nun wird es besser laufen."
Ein Programmierungsfehler also. Mir fiel ein Stein vom Herzen. Mr. Magic schenkte uns Limonade ein, und noch eine ganze Weile sahen wir Bobby bei seiner Arbeit zu. Er hatte inzwischen die Stühle von der Straße heraufgeholt. Jetzt reparierte er sie sogar! „Gut, dass du ihn noch einmal getestet hast", sagte Mr. Magic zufrieden, „nun ist er wirklich ein Universaltalent."

e)
Zum Lösungsvorschlag würden passen: Bobby außer Rand und Band / Ein Roboter dreht durch

Aufgabe 36

Wer? Don Quichote und sein Begleiter Sancho Pansa

Was? Don Quichote und sein Pferd Rosinante wurden von einem Windmühlenflügel in die Luft gehoben und landeten unsanft in einem Feld.

Wie? Don Quichote bohrte seine Lanze in einen Windmühlenflügel. Plötzlich kam Wind auf, die Mühlenflügel begannen sich zu drehen und hoben den Ritter samt Pferd in die Luft. Die Lanze zersplitterte, Ross und Reiter flogen in hohem Bogen ins Feld.

Warum? Don Quichote hielt die Windmühlen für Riesen, die er als Ritter glaubte besiegen zu müssen.

Aufgabe 37

a)
Einleitung: Zeile **1** bis **4**
Don Quichote ruhte sich vom letzten Abenteuer aus; Sancho Pansa besuchte ihn; sie schmiedeten neue Pläne und waren eines Tages wieder verschwunden.
1. Erzählschritt: Zeile **5** bis **11**
Beide gelangten an den Fluss Ebro. Don Quichote hielt ein Fischerboot für eine prachtvolle Barke; Sancho Pansa konnte es ihm nicht ausreden. Der Ritter glaubte, ein Zauberer hätte die Barke geschickt, damit sie einen König oder eine Prinzessin aus der Gefangenschaft befreiten. Sie stiegen ein (Sancho Pansa nur widerwillig) und trieben auf den Fluss hinaus.
2. Erzählschritt: Zeile **12** bis **17**
Das Boot hatte keine Ruder, trieb unkontrolliert auf eine Wassermühle zu, die Quichote für eine Wasserburg hielt; Sancho Pansa widersprach ihm, aber wieder ohne Erfolg.

3. Erzählschritt: Zeile **18** bis **29**
Die Müller hatten das Boot inzwischen gesehen; mit Stangen und Rudern wollten sie es zurückstoßen, damit es nicht in die Schaufelrädern geriet. Don Quichote bedrohte sie mit seinem Schwert und forderte die Freilassung eines Königs oder einer Prinzessin oder anderer Gefangener. Dabei kenterte das Boot, der Ritter und sein Begleiter stürzten ins Wasser. Fischer, die in der Nähe waren und nach dem gestohlenen Boot suchten, fischten sie heraus. Das Boot geriet in die Schaufelräder und wurde zerstört.
Höhepunkt: Zeile **21** bis **25**
Don Quichote verlangte die Freigabe der Gefangenen, schlug auf die Ruder und Stangen der Müller ein und brachte das Boot dabei zum Kentern.
Schluss: Zeile **30** bis **32**
Die Fischer bekamen Geld für das zerstörte Boot und brachten Don Quichote und Sancho Pansa zurück ans Ufer.

b)
Tempus: **Präteritum**
Erzähler: **Er-/Sie-Erzähler**

c)
Achte darauf, dass du in deiner Nacherzählung alle wichtigen W-Fragen beantwortest, vor allem: Wo ereignete sich die Geschichte? Wer war beteiligt? Was ist geschehen? Wie ist es genau geschehen? Warum ist es passiert?

Lösungsvorschlag:
Eine Weile wurde es still um Don Quichote und Sancho Pansa. Der Ritter ruhte sich zu Hause von seinem letzten Abenteuer aus, und Sancho Pansa besuchte ihn jeden Tag. Doch das friedliche Bild täuschte. Längst schmiedeten beide neue Pläne. Sie taten sehr geheimnisvoll, wenn sie zusammensaßen, flüsterten miteinander und warfen sich verständnisvolle Blicke zu. Und eines schönen Tages waren sie wieder auf und davon.
Diesmal wollten sie nach Saragossa. Auf dem Weg dorthin gelangten sie an den Fluss Ebro, an dessen Ufer sie ein Fischerboot sahen. „Nun schau dir nur die prächtige Barke an", rief Don Quichote und zeigte auf das Fischerboot, das verlassen dalag. „Ich sehe keine Barke", antwortet Sancho Pansa, „ich sehe nur ein Fischerboot." Doch der Ritter ließ sich nicht beirren: „Bestimmt hat uns diese Barke ein Zauberer geschickt. Wir sollen einsteigen und einen gefangenen König oder eine Prinzessin befreien." Sancho Pansa gefiel die Idee ganz und gar nicht, aber was half es. Sie ließen Pferd und Esel am Ufer zurück, stiegen in das Boot und trieben auf den Fluss hinaus.
Dort wurde die Sache gefährlich. Sie hatten keine Ruder, mit denen sie das Boot durch die Strömung hätten leiten können, und schließlich trieben sie hilflos auf eine Wassermühle zu. Als der Sog des Mühlwassers sie unaufhaltsam in die Nähe der Schaufelräder zog, rief Don Quichote aufgeregt: „Siehst du die Wasserburg?" Und er sprang auf und zog sein Schwert. „Das ist keine Wasserburg", antwortete Sancho Pansa, „das ist eine Mühle, und wir werden unter die Räder kommen."

Das aber wollten die Müller, die inzwischen vor die Mühle gelaufen waren, verhindern. Mit Stangen und Rudern wollten sie das Boot zurückstoßen, sollte es den Schaufelrädern zu nahe kommen. Doch Don Quichote kümmerte das wenig: „Gebt eure Gefangenen heraus“, rief er ihnen zu, „den König oder die Prinzessin oder wen ihr sonst noch eingesperrt habt!“ Wie von Sinnen schlug er dabei mit seinem Schwert auf ihre Stangen und Ruder ein, – so wild, dass das Boot schließlich umkippte.
Der Ritter und Sacho Pansa landeten im Wasser, und bestimmt wären sie ertrunken, wenn nicht Fischer sie gerettet hätten. Die Fischer waren auf der Suche nach dem gestohlenen Boot und mussten nun mit ansehen, wie es in die Schaufelräder trieb und in tausend Stücke zerbrach.
Aber das ließen sie sich natürlich nicht gefallen. Sancho Pansa musste ihnen eine große Summe aus der Reisekasse zahlen, bevor sie die beiden Abenteurer zurück ans Ufer brachten. Dort warteten das Pferd und der Esel auf sie.

Aufgabe 38

Überschrift b) passt am besten. Sie nennt zwei zentrale Motive der Erzählung, die am Höhepunkt zusammengeführt werden: Die Wasserburg, die nur in der Fantasie des Ritters existiert, und das Wellenbad, das den beiden Helden erspart geblieben wäre, hätte Don Quichote die Mühle nicht mit einer Wasserburg verwechselt.
Die Überschriften a) und c) nennen zwar wichtige Motive (die Barke, den Diebstahl), sie deuten aber nicht auf den Höhepunkt hin (die eingebildete Wasserburg, der Kampf des eingebildeten Ritters, der ernüchternde Sturz ins Wasser).

Aufgabe 39

b) Still und **glücklich** wie im Traum. Möglich wäre auch: **glückselig** wie im Traum.
In Wörterbüchern findet man für das Wort „verklären“ folgende sinnverwandte Formulierungen und Wörter: einen beseligten Ausdruck verleihen; erhellen, glücklich machen, leuchten lassen.

Aufgabe 40

Höhe- und Wendepunkt: Vers **7** bis **10**

In der folgenden Lösung ist das Gedicht in eine Traumgeschichte umgewandelt worden. Alle Sätze, die sich auf die Grundsituation des Gedichtes beziehen, wurden zur Veranschaulichung unterstrichen. Das musst du bei deiner Erzählung natürlich nicht machen. Denk aber daran, dass du die Grundsituation beibehalten musst.

Lösungsvorschlag:

Im Park

Eines Nachts ging ich in einem Park spazieren. Alles war friedlich und ruhig, nur der Wind säuselte in den Bäumen, und manchmal knisterte es gespenstisch in den Sträuchern. Fast war mir ein wenig unheimlich zumute, und ich wollte schon umkehren und nach Hause laufen, da sah ich ein kleines Reh, das an einem Baum lehnte. Ich freute mich, nicht ganz allein in dem großen Park zu sein und ging näher. Leise sprach ich das Reh an: „Guten Abend", flüsterte ich, „wie schön, dich hier zu treffen." Doch seltsam, das Reh blieb ganz regungslos stehen und schien mich gar nicht zu sehen. Ob es schlief? Ich sah auf meine Uhr. Ja, sicher schlief es. Es war ja schon nach Elf. Bestimmt träumte es auch. „Dann will ich es nicht wecken", dachte ich und schlich mich auf Zehenspitzen davon.

Wovon Rehe wohl träumen? Bestimmt von schönen Dingen. Mein Reh sah jedenfalls sehr glücklich aus. Ob es mir seinen Traum erzählt, wenn es aufgewacht ist? Ich werde es auf dem Rückweg noch einmal besuchen und einfach fragen, beschloss ich.

Noch viele Stunden wanderte ich durch den Park, bis ich schließlich den Weg wiederfand, der zu meinem Reh führte. Schon von fern entdeckte ich es. Aber … Ungläubig ging ich näher. Das konnte doch gar nicht sein! Da stand es immer noch regungslos und verträumt an dem Baum! Verwirrt sah ich auf meine Uhr. Es war vier Uhr in der Früh, und bald musste ich nach Hause. Dabei hätte ich doch so gern erfahren, wovon Rehe träumen, wenn sie schlafen.

„Ich werde es jetzt einfach wecken", überlegte ich. Vorsichtig schlich ich heran. Kaum wagte ich zu atmen, aus Angst, ich könnte es erschrecken. „Hallo, ich tue dir nichts, ich will dich nur etwas fragen", flüsterte ich leise und gab ihm einen kleinen Stups. Wie kühl es sich anfühlte. Es wird doch nicht … Aber nein, natürlich nicht! Jetzt endlich verstand ich: Das war ja gar kein lebendiges Reh, es war nur ein Reh aus Gips!

„Melanie", hörte ich meine Mutter rufen, „willst du heute denn gar nicht wach werden?" Verschlafen rieb ich mir die Augen und sah auf meinen Wecker. Verflixt! Es war schon Viertel nach Sieben. Nun musste ich mich aber beeilen. Ein Reh aus Gips! Ich schüttelte den Kopf. Auf so etwas fällt man doch wirklich nur im Traum herein.

Aufgabe 41

Einleitung:	Zeile **1** bis **4**
1. Erzählschritt:	Zeile **5** bis **10**
2. Erzählschritt:	Zeile **11** bis **20**
3. Erzählschritt:	Zeile **21** bis **26**

Aufgabe 42

a)

Lösungsvorschlag:

Till legte immer wieder Hafer zwischen die ersten Seiten eines großen alten Buches. Der Esel, der gerne Hafer fraß, suchte in dem Buch danach und blätterte dabei mit seinem Maul die Seiten um. Immer, wenn er keinen Hafer mehr fand, beschwerte er sich und rief „I-a, i-a".

b)

Lösungsvorschlag:

So lautet die Fortsetzung dieser Eulenspiegel-Geschichte in einer neueren Fassung, die von dem berühmten Schriftsteller Erich Kästner stammt:

„Gern", meinte der Rektor. „Hat er denn schon einiges gelernt?"

„Ein paar Buchstaben kann er bereits", erklärte Eulenspiegel stolz. „Und das ist ja für einen Esel und für eine Woche Unterricht allerhand."

Schon am Nachmittag kam der Rektor mit den Professoren und Studenten in den Gasthof, und Till führte sie in den Stall. Dann legte er ein Buch in die Krippe. Der Esel, der seit einem Tag kein Futter gekriegt hatte, blätterte hungrig die Seiten des Buches um. Und da Eulenspiegel diesmal überhaupt keinen Hafer ins Buch gelegt hatte, schrie das Tier unaufhörlich und so laut es konnte: „I-a, i-a, i-a!"

„I und A kann er schon, wie Sie hören", sagte Eulenspiegel. „Morgen beginne ich damit, ihm O und U beizubringen." Da gingen die Herren wütend fort. Der Rektor ärgerte sich so sehr, dass ihn bald darauf der Schlag traf. Und Till jagte den Esel aus dem Stall. „Scher dich zu den anderen Erfurter Eseln!", rief er ihm nach. Dann schnürte er sein Bündel und verließ die Stadt noch am selben Tag.

Aufgabe 43

a)

Wer ist auf dem Bild zu sehen? Ein zerstreuter Forscher / Professor mit seinem Assistenten.

Wo halten sich die Figuren auf? In einem Labor.

Was tun sie? Sie experimentieren.

Wann ereignet sich die Geschichte? Montag, 11. Juni, 11.30 Uhr.

Welche drei **Gegenstände** gehören nicht in die Umgebung? Skateboard, Trompete, Fußball.

b)

Beide haben einen ratlosen/fragenden Gesichtsausdruck. Offenbar funktioniert etwas nicht richtig.

c)

Den abgeklemmten Schlauch.

Aufgabe 44

a)

1. Bild = **A**
2. Bild = **C**
3. Bild = **D**
4. Bild = **B**

b)

③ Ein gutes Team: Die Überschrift bezieht sich auf beide Figuren und schließlich auf das gesamte Geschehen und den Höhe- und Wendepunkt der Geschichte (die überraschende „Zusammenarbeit“ der beiden beteiligten Figuren).
Die Überschriften ①, ②, ④ erfassen jeweils nur ein Motiv der Geschichte und beziehen sich nicht auf den Höhe- und Wendepunkt.

Aufgabe 45

Lösungsvorschläge:

Bild 1: „Oh“, dachte sich Lucky, „wie schön die hübsche Amsel singen kann! Aber sie ist doch recht stolz. Sie geht an mir vorbei, ohne mich zu beachten. Ich werde ihr nachlaufen und sie einfach in der Amselsprache anreden. Sicher wird ihr das schmeicheln.“
Bild 2: „Ich hör doch wohl nicht recht!“, überlegte die Amsel. „Ist das etwa Lucky, der mir da hinterherläuft? Natürlich, ich erkenne ihn ja an seinem Bellen. Da kann er sich noch so sehr verstellen! Er versucht wohl, meinen Gesang nachzuahmen. Na, dem werd ich was erzählen!“
Bild 3: „Sag mal, Lucky, was fällt dir eigentlich ein, mir nachzulaufen und dabei so schrecklich zu bellen. Ja, ich sage ‚Bellen‘. Denn du glaubst doch nicht im Ernst, dass du an meinen schönen Gesang heranreichen kannst? Dafür muss man lange üben, und viel Talent gehört auch dazu!“
Bild 4: „Schade“, dachte Lucky traurig, „dabei habe ich mir so viel Mühe gegeben. Vielleicht sollte ich noch ein bisschen üben. Aber wahrscheinlich hat die Amsel Recht: Mir fehlt einfach das Talent. Vermutlich werden ihr schöner Gesang und mein Bellen nie zusammenpassen.“

Aufgabe 46

Du kannst deine Notizen im Präsens formulieren. Denk nur daran, dass du deine Bildergeschichte dann im Präteritum schreiben musst.

1. Bild: Garten im Frühjahr (→ wärmere Kleidung): Hobbygärtner; Haus im Hintergrund; links ein Baum (trägt noch kein Laub); Hobbygärtner pflanzt Blumen; ist dabei fröhlich (→ Gesichtsausdruck); allerlei Geräte um ihn herum (Spaten, Gießkanne).
2. Bild: Derselbe Garten, jetzt im Sommer (→ Blumen blühen, Baum hat Blätter, Hobbygärtner trägt leichte Sommerkleidung); Hobbygärtner stellt Liegestuhl auf; ist gutgelaunt (→ Gesichtsausdruck).

3. Bild: Wieder im Garten: Hobbygärtner liegt mit zufriedenem Gesichtsausdruck im Liegestuhl; er liest ein Buch (Titel: „Der Naturfreund"); im Hintergrund / hinter seinem Rücken tummeln sich Bienen; sie versammeln sich im Baum zu einem Schwarm, was der Hobbygärtner nicht sehen kann.
4. Bild: Garten; Hobbygärtner hört auf zu lesen, sieht über das Buch hinweg; scheint das Summen der Bienen zu hören; der Bienenschwarm im Baum ist größer geworden, sieht aus wie eine Traube.
5. Bild: Gärtner ist aufgesprungen, läuft mit hochgerissenen Armen in Richtung Haus. Bienenschwarm ist fertig (→ große Traube im Baum).
6. Bild: Man sieht jetzt auch den Nachbargarten und einen Zaun, an dem sich der Hobbygärtner mit seinem Nachbarn unterhält. Der Nachbar reicht ihm ein Glas Honig. Am Zaun des Nachbargartens ist ein Schild zu sehen (Aufschrift: „Honig vom Imker").

b)
Einleitung: 1 Hauptteil: 2–5 Schluss: 6

c)
Höhepunkt: Bild 5 und 6
Ein Motiv des 4. Bildes deutet schon auf den Höhepunkt voraus (die Bienen, die sich im Hintergrund versammeln). Wenn du deine Geschichte aus der Sicht eines allwissenden Erzählers wiedergibst, kannst du deine Leserinnen und Leser an dieser Stelle z. B. mit einer Andeutung oder einer Spannungsfrage auf den Höhe- und Wendepunkt der Geschichte vorbereiten, etwa: Aber der Gärtner konnte ja nicht ahnen, was noch geschehen würde.
Wenn du deine Geschichte aus der Sicht des Gärtners erzählst, wäre eine solche Andeutung allerdings nicht sinnvoll, denn er kann zu diesem Zeitpunkt noch nicht sehen und wissen, was geschehen wird.

d)
Lösungsvorschläge:
Überleitung zwischen 1. und 2. Bild: Es ist inzwischen Sommer geworden, die Blumen sind aufgeblüht; Hobbygärtner hat die Gartenmöbel aus dem Keller geholt.
Überleitung zwischen 2. und 3. Bild: Hobbygärtner holt sich ein Buch aus dem Haus.
Überleitung 4. und 5. Bild: Gärtner springt auf, Buch landet im Blumenbeet; er hat den Bienenschwarm gesehen und fühlt sich bedroht.
Überleitung zwischen 5. und 6. Bild: Hobbygärtner zieht sich ins Haus zurück, überlegt ob / wann er wieder in den Garten gehen sollte; schaut aus dem Fenster und sieht seinen neuen Nachbarn; der Nachbar hat alles beobachtet und winkt den Gärtner zu sich.

Aufgabe 47

a)

Damit du dich besser zurechtfindest, wurde beim folgenden Lösungsvorschlag angegeben, auf welches Bild sich die Abschnitte jeweils beziehen. In deinem Aufsatz kannst du diese Überschriften weglassen. Es reicht, wenn du die Abschnitte durch Absätze kennzeichnest.

Lösungsvorschlag:

1. Bild: Herr Primel freute sich. Endlich wurde es Frühling. „Nun kann ich mich wieder um meinen Garten kümmern", dachte er. Es war zwar noch recht kühl, aber die ideale Zeit, um Blumen zu pflanzen. Am Vormittag hatte Herr Primel allerlei Pflanzen aus dem Gartencenter geholt, nun machte er sich gut gelaunt ans Werk. Er hob Löcher aus, setzte die Pflanzen ein und wässerte sie. „Bestimmt werden sie bald wunderschön aufblühen", dachte er vergnügt.

2. Bild mit Überleitungen: Und wirklich. Schon einige Wochen später strahlte die Sonne, und das Blumenbeet war bunt und schön anzusehen. Inzwischen hatte Herr Primel auch die Gartenmöbel aus dem Keller geholt. „Ich werde meinen Liegestuhl am besten unter dem Baum aufstellen", beschloss er. „Dann hole ich noch rasch ein Buch aus dem Wohnzimmer und mache es mir hier draußen gemütlich."

3. Bild: „Wie die Blumen duften", dachte Herr Primel, als er zurück war und sich auf seiner Liege bequem ausgestreckt hatte. Zufrieden blätterte er in seinem Lieblingsbuch. Es trug den Titel „Der Naturfreund", und er hatte es schon oft gelesen. Immer wieder entdeckte er etwas Neues darin. Das Kapitel über das Leben im Freien gefiel ihm besonders gut, vor allem wenn er es in seinem sonnigen Garten lesen konnte. „Auch den Vögeln scheint mein Garten zu gefallen, wie lustig sie zwitschern", dachte Herr Primel nebenbei, „und die Bienen summen so fröhlich. Bestimmt haben sie so viel Freude an den Blumen wie ich."

4. Bild: Seltsam nur, dass das Summen immer lauter wurde. Herr Primel sah von seinem Buch auf. Waren das denn überhaupt Bienen? Das Geräusch erinnerte eher an das Surren einer Maschine, die immer näher kam. Herr Primel zögerte einen Moment, – dann – natürlich – jetzt begriff er …

5. Bild mit Überleitung: Hastig sprang er auf. „Der Naturfreund" landete im Blumenbeet, und voller Panik lief Herr Primel zum Haus. Das mussten ja Hunderte von Bienen sein! Was für ein gefährlicher Schwarm, der sich da in seinem Garten niederließ!

Überleitung zum 6. Bild: Aufgeregt schlug er die Terrassentür hinter sich zu. Er schloss auch alle Fenster und verbrachte den Nachmittag in der Wohnung. Ob er überhaupt wieder in seinen Garten konnte? Traurig blickte er aus dem Fenster. Da sah er seinen neuen Nachbarn, Herrn Rose, am Gartenzaun stehen. Er winkte Herrn Primel zu, als er ihn am Fenster entdeckte, und gab ihm ein Zeichen, herauszukommen.

6. Bild: Merkwürdig, Herr Rose hatte anscheinend gar keine Angst vor dem Bienenschwarm, der wie eine große Traube im Baum hing. „Wenn man Bienenschwärme nicht stört, sind sie ungefährlich", erklärte er, als Herr Primel vorsichtig zum Zaun geschlichen

war und sie sich begrüßt hatten. Herr Rose überreichte ihm ein Glas Honig. „Den habe ich selbst hergestellt", sagte er stolz. „Kommen sie mich doch einfach mal besuchen, dann zeige ich ihnen meine Imkerei. Und den Bienenschwarm in ihrem Baum fange ich ein, das ist nicht schwer."
Herr Primel war erleichtert. Die Bienen waren also nicht gefährlich. Die Natur war eben doch ein Freund.

b)
Lösungsvorschlag für eine Überschrift:
Ein Naturfreund lernt nie aus

Aufgabe 48

a)
Lösungsvorschläge:
2. Bild: Prima. Endlich schlechtes Wetter! Das wurde auch Zeit. Es ist doch immer wieder schrecklich, wenn sich ein schöner Sommer so in die Länge zieht. Na also, da kommt ja auch schon der erste Kunde.
3. Bild: Aber was fällt dem denn ein? Er stellt sich einfach unter die Markise, statt bei mir einen Schirm zu kaufen. Er scheint nicht einmal zu bemerken, dass er vor einem Schirmgeschäft steht.

b)
Der folgende Lösungsvorschlag orientiert sich an der Abbildung, die du hier siehst. Sie zeigt, wie sich der Zeichner das Ende dieser Bildergeschichte vorgestellt hat. Aber natürlich kannst du dir einen ganz anderen Schluss ausdenken. Achte dabei nur darauf, dass er zu den anderen Bildern passt und die Geschichte sinnvoll zu Ende führt.

Lösungsvorschlag:
Überleitung zwischen 3. und 4. Bild: Nun muss mir aber etwas einfallen! Der erste Kunde nach diesem sonnigen Sommer darf mir nicht entwischen. Vielleicht sollte ich hinausgehen und ihm einige meiner schönen großen Schirme einfach vorführen? Aber nein, das ist keine gute Idee. Er wird sich nicht überreden lassen, denn bestimmt hat er schon einen Schirm zu Hause, und unter der Markise wird er ja nicht nass.

4. Bild und das Ende der Geschichte: „Aber natürlich, die Markise“, schoss es mir plötzlich durch den Kopf, „warum bin ich nicht eher drauf gekommen?“ Schnell kurbelte ich sie hoch. „Ja, da staunt der Herr“, dachte ich, als er sich verwirrt zu mir umdrehte. Nun steht er im Regen und wird sicher gleich hereinkommen.
Ein einfallsreicher Verkäufer wie ich gewinnt doch jeden Kunden.

2 Beschreiben

Aufgabe 1

Folgende Wörter müssen durchgestrichen sein:
langweilig, lecker, schön, doof (Sie bringen Wertungen zum Ausdruck.)
Autsch!, Verflixt! (Ausrufe gehören nicht in eine Beschreibung.)
plötzlich (Das Adverb erzeugt Spannung.)

Aufgabe 2

Die Sätze a), d), f) und g) könnten in einer Beschreibung vorkommen.

b) Nacheinander **zog** er alle Schrauben fest an. (Beschreibungen werden im Präsens verfasst. Dieser Satz steht aber im Präteritum und gehört darum in eine Erzählung oder einen Bericht.)
c) „Haltet **bloß** das Seil noch einen Moment fest!" (Ausrufesätze und die wörtliche Rede sind Stilmittel des Erzählens. In einer Beschreibung dürfen sie nicht verwendet werden.)
e) Sie trägt eine **todschicke** Brille mit großen, runden Gläsern. (Das Adjektiv enthält eine Wertung.)
h) „**Oh je**, das Eis schmilzt!" (Ausrufe, Ausrufesätze und die wörtliche Rede gehören nicht in eine Beschreibung.)

Aufgabe 3

waagerecht: gleisig, lang, rot, glänzend, geschlagen, klebend
senkrecht: eckig, grau

a) ein wein**roter** Pullover
b) die matt**glänzende** Oberfläche
c) ein schiefer**graues** Dach
d) mit hoch**geschlagenem** Kragen
e) schulter**langes** Haar
f) die recht**eckige** Form
g) selbst**klebende** Folie
h) die mehr**gleisige** Strecke

Aufgabe 4

a) Speicher für Nachrichten → Nachrichtenspeicher
b) Fach für die Batterien → Batteriefach
c) Mopp zum Wischen → Wischmopp
d) Plan des Spieles → Spielplan
e) Schale fürs Obst → Obstschale
f) Mütze aus Fell → Fellmütze
g) Vorhang für die Dusche → Duschvorhang

Aufgabe 5

a) Die Jungen, **die bei der Geburt etwa 10 Gramm wiegen**, sind Nesthocker.
b) Der Mann, **der ca. dreißig Jahre ist**, trägt eine Pudelmütze.
c) Meine Kette hat einen auffälligen Verschluss, **der manchmal klemmt**.
d) Erdmännchen leben in Gruppen, **die Kolonien genannt werden**.
e) Du hebst ein Loch aus, **das eine Handbreit tief sein sollte**.

Aufgabe 6

... Seine Fragen muss er so formulieren, dass die Mitspieler sie mit Ja oder Nein beantworten können (z. B. Bin ich ein Mann? Bin ich Fußballer?), ~~und~~ wenn er herausbekommen hat, welche Person er darstellt, ist der nächste Spieler an der Reihe, ~~und dann~~ hat gewonnen, wer den Namen als Erster errät.

Die letzten Zeilen sind wegen der Reihungen recht unübersichtlich geworden.

Lösungsvorschlag:

... Seine Fragen muss er so formulieren, dass die Mitspieler sie mit Ja oder Nein beantworten können (z. B. Bin ich ein Mann? Bin ich Fußballer?). **Wenn er herausbekommen hat, welche Person er darstellt, ist der nächste Spieler an der Reihe. Wer den Namen als Erster errät, hat gewonnen.**

Aufgabe 7

Größe: m, Millimeter, cm, Durchmesser, Zentimeter, 450 × 500 × 200 mm, DIN-A4
Farbe: smaragdgrün, taubenblau, feuerrot, goldgelb, schneeweiß
Form: quadratisch, gezackt, gewölbt, oval, sternförmig, rund, rechteckig, schmal, achteckig, länglich, dreieckig, tropfenförmig
Material: Plastik, glänzend, abwaschbar, durchsichtig, Glas, aufgeraut, Leder, Kunststoff, Nylon, Holz, glatt, zerkratzt

Aufgabe 8

a) Der Aufkleber ist nicht größer **als eine 2-Euro-Münze**.
b) Die Dose ist etwa so groß **wie eine Streichholzschachtel**.
c) Die Öffnung ist so eng **wie ein Flaschenhals**.
d) Die Felder sind so angeordnet **wie auf einem Schachbrett**.
e) Die Punkte sind so klein **wie Stecknadelköpfe**.
f) Die Öse ist nicht größer **als ein Nadelöhr**.
g) Die Kugel ist etwa so groß **wie ein Tischtennisball**.
h) Der Stoff ist so dünn und fein **wie Seidenpapier**.

Aufgabe 9

a)

- von außen nach innen
- von links nach rechts

Patrick geht erst auf das Äußere des Brustbeutels ein (z. B. Kordel zum Umhängen, Überschlag mit Abbildung). Dann beschreibt er den Innenteil von links nach rechts (Klarsichtfach, mittlerer Teil, rechter Innenteil).

b)

Darin steckt eine Fotografie meines Hundes. ~~Ich trage sie immer bei mir, denn Bibbi sieht darauf besonders niedlich aus.~~ Klappt man …
Eine Gegenstandsbeschreibung muss im sachlichen Stil verfasst werden. Persönliche Einschätzungen und Gefühle sollten nicht erwähnt werden.

Aufgabe 10

a)

Sicher unterscheidet sich dein Lösungstext von dem Vorschlag unten. Folgende Fragen solltest du aber beantworten:
Einleitung: Wie nennt man den Gegenstand?
Hauptteil: Aus welchem Material besteht er? Wie sieht er aus (Farbe, Muster, Bilder)? Wie groß sind die Röhren (Durchmesser) und wie sind sie geformt? Wodurch unterscheiden sich die Röhren (genaue Beschreibung ihrer unterschiedlichen Höhe) und wie sind sie angeordnet? Welche Funktion haben sie?

Lösungsvorschlag:
Im folgenden Text beschreibe ich den abgebildeten Stifteköcher. Manchmal bezeichnet man ihn auch einfach als Stiftehalter.
Der Stifteköcher ist aus festem Karton gearbeitet und besteht aus drei Röhren, die gleich geformt, aber unterschiedlich hoch sind. Auf ihren Außenseiten sind auf hellgrünem Hintergrund dunkelgrüne Kleeblätter und Gräser abgebildet. Jedes Fach schließt oben mit einem Rand ab, der sich ebenfalls dunkelgrün abhebt.
Alle drei Röhren haben einen Durchmesser von 7 cm. In der Höhe unterscheiden sie sich: Die erste, vordere Röhre ist die kleinste und 4 cm hoch. Dahinter befindet sich die größte der drei Röhren. Sie ist 15 cm hoch. Die mittlere, nach links versetzte Röhre hat eine Höhe von 10 cm.
Die hellgrünen Innenseiten der Röhren sind mit dunkelgrünen Punkten verziert.
In den Röhren sind verschiedene Schreib- und Arbeitsutensilien untergebracht. In der kleinen Röhre sieht man einen Radiergummi und einen Anspitzer, in der hohen werden eine große Schere, eine Tube mit Klebstoff und ein langes Lineal aufbewahrt, in der mittleren stehen mehrere unterschiedliche Stifte.

b)

Schluss B beschreibt alle wichtigen Funktionen des Stifteköchers (schafft *Ordnung* auf dem Schreibtisch, *wichtige Arbeitsgeräte* können *übersichtlich* und *griffbereit* aufbewahrt werden). Er ist darum **besser** gelungen als **Schluss A**, der die Eigenschaften nicht im Einzelnen erklärt, sondern nur ganz allgemein von einem *praktischen* Gegenstand spricht. Dass der Stifteköcher schön anzusehen ist, spielt in diesem Zusammenhang keine Rolle und muss nicht erwähnt werden.

Aufgabe 11

Haare / Frisur

aufgehellt, blond, ~~**fahl**~~, Zöpfe, gefärbt, struppig, kahl rasiert, Halbglatze, schulterlang, brünett, rot, glatt, Mittelscheitel, Pony, ~~**groß**~~, Pferdeschwanz, brünett, ~~**rosig**~~, langhaarig

kraus   **lockig**   **strähnig**

Gesicht

blass, ~~**kraus**~~ oval, kantig, pausbäckig, gerötet, gebräunt, ~~**rehbraun**~~, ~~**buschig**~~ rundlich, länglich

fahl   **rosig**   **faltig**

Augen / Augenbrauen

mandelförmig, braun, gerade, ~~**lockig**~~, ~~**faltig**~~, schmal, ~~**strähnig**~~, blaugrau, oval,

groß   **rehbraun**   **buschig**

Aufgabe 12

Körperbau: schlank, dick, untersetzt, zierlich, pummelig, mager, athletisch, korpulent, rundlich, füllig, stämmig

Körperhaltung: gebückt, gebeugt, kerzengerade, aufrecht, geneigt, krumm, gerade

Gang: zackig, behäbig, hinkend, schwerfällig, energisch, schleppend, dynamisch

Aufgabe 13

Einleitung c) ist gelungen. Sie enthält alle wichtigen Angaben (Geschlecht, Alter, Größe, Statur) und beschreibt die Gesamterscheinung in einem ersten Überblick.

In Einleitung a) fehlt eine Angabe zur Statur. Die Beschreibung der abgewetzten Lederjacke gehört in den Hauptteil (Kleidung).

Einleitung b): Alter und Größe können geschätzt und ungefähr angegeben werden (*ungefähr 9 Jahre alt und etwa 1,20 m groß*).

Aufgabe 14

Meine Schwester Anna ist 9 Jahre alt, ca. 1,25 m groß und recht zierlich.
Mit diesem Satz beschreibt Hanno die Gesamterscheinung: Geschlecht (Schwester), Alter, Größe, Statur. Er muss darum am Anfang der Beschreibung stehen.
Unter ihrem gelben Kleid schaut eine kurze blaue Hose mit weißen Punkten hervor.
Dieser Satz gehört zur Beschreibung der Kleidung und sollte dort gleich am Anfang stehen (Beschreibung von oben nach unten).

Durch die Umstellung werden zusammengehörige Bereiche (Gesicht, Kleidung) auch im Zusammenhang beschrieben.
Hier der geordnete Text:
Meine Schwester Anna ist 9 Jahre alt, ca. 1,25 m groß und recht zierlich.
Ihre roten Haare hat sie zu zwei Zöpfen geflochten, die am Ende beide mit einer großen Schleife verziert sind. Anna hat große braune Augen und eine Stupsnase, die rundherum mit Sommersprossen übersät ist. Wenn sie lacht und dabei ihren großen breiten Mund öffnet, sieht man ihre strahlend weißen Zähne.
Anna trägt ein auffälliges Karnevalskostüm: **Unter ihrem gelben Kleid schaut eine kurze blaue Hose mit weißen Punkten hervor.** Sie trägt lange Strümpfe, die verschieden sind, der eine ist schwarz, der andere geringelt. Auffallend sind auch ihre viel zu großen schwarzen Schuhe.
Anna spricht mit einem leicht rheinischen Akzent.

Aufgabe 15

Abbildung B passt zur Beschreibung. In Abbildung A sind die Brauen gerade, nicht geschwungen, die Ohren stehen nicht ab, das Grübchen fehlt.

Aufgabe 16

a)
Lösungsvorschlag:
Leon trägt eine sportliche, rote Schildmütze. Sein langärmeliges, graumeliertes Sweatshirt hat eine Kapuze und ist mit einer großen Känguru-Tasche ausgestattet. In Höhe des Brustkorbes ist ein aufgedruckter Fußball zu sehen. Leons hellblaue Jeans sind gerade geschnitten und so lang, dass sie an den Schuhen etwas aufstoßen. Er trägt weiße Sportschuhe mit roten Klettverschlüssen und Sohlen, die ein starkes Profil haben. Leons Uhr passt mit ihrem roten Armband zu seiner übrigen Kleidung. Es fällt auf, dass Leon sie nicht wie üblich am linken, sondern am rechten Handgelenk trägt.

b)
modebewusst, ordentlich

Aufgabe 17

1.	Fangarm eines Kraken	Tentake**l**
2.	Schildkröten tragen einen	P**a**nzer
3.	Der Fuchs lebt in einem	Ba**u**
4.	Weibliches Wildschwein	**B**ache
5.	Vögel tragen ein	Ge**f**ieder
6.	Wale gehören zu den	Säugetie**r**en
7.	Katzen laufen auf	Pf**o**ten
8.	Schwanz des Pferdes	**S**chweif
9.	Goldfische haben kein Fell, sondern	S**c**huppen
10.	Hirsche tragen ein	Gewei**h**

Lösungswort: **Laubfrosch**

Aufgabe 18

Vögel	**brüten**	**dichtes**	Winterfell
Tauben	**gurren**	**scharfe**	Krallen
Frösche	**laichen**	**buschiger**	Schwanz
Pferde	**wiehern**	**zottige**	Mähne
Delfine	**gleiten**	**längliche**	Blesse

Aufgabe 19

Art:	Großer Panda, auch einfach Pandabär
Familie:	Bären
Heimat:	kleines Gebiet im Westen Chinas
Größe:	120 bis 150 cm
Gewicht:	zwischen 75 und 160 kg
Alter:	in zoologischen Gärten bis zu 34 Jahre

Aufgabe 20

An dieser Stelle beginnt die Beschreibung des Lebensraumes; sie sollte durch einen Absatz gekennzeichnet werden:

Eichhörnchen leben in Wäldern mit Nadelbäumen. In Europa sind sie auch in Laub- und Mischwäldern und oft in Gärten und Parkanlagen heimisch.

Aufgabe 21

Lebensweise: gesellig, leben in Gruppen, sog. Schulen (in nahrungsreichen Gebieten bis zu 1000 Tiere); Tiere können Gruppe wechseln, dennoch starke Bindungen unter den Tieren möglich (helfen z. B. kranken, verletzten Artgenossen); Verständigung untereinander: Pfeifen, Schnattern, Klicklaute, andere Geräusche
Nahrung: vor allem Fische, Tintenfische

Aufgabe 22

Fuchs hat kaum noch natürliche Feinde; manchmal werden Tiere getötet (Tollwut)	**Feinde**
drei bis fünf Junge, 80 bis 150 g	**Nachwuchs**
Einzelgänger; nachts und bei Dämmerung aktiv, schläft in unterirdischem Bau	**Lebensweise**
Allesfresser	**Nahrung**
sehr anpassungsfähig (Wald, Halbwüste, Küste, Hochgebirge, auch Parks, Gärten)	**Lebensraum**

Aufgabe 23

Lösungsvorschlag:

Der Koala wird oft Koalabär genannt. Tatsächlich gehören Koalas aber nicht zu den Bären, sondern zu den Beuteltieren oder Beutelsäugern. Sie sind in Australien beheimatet. Koalas werden 61 bis 85 Zentimeter groß und können bis zu 14 Kilogramm wiegen. Die durchschnittliche Lebenserwartung wildlebender Koalas liegt zwischen 10 und 15 Jahren.

Aufgabe 24

a)

Ein typisches Merkmal, das in den Notizen fehlt: die großen, plüschigen und langbehaarten Ohren.

b)

Der Kopf der Koalas ist im Verhältnis zu ihrem Körper groß, die Augen wirken dagegen relativ klein. Koalas tragen ein dichtes, seidenweiches Fell. Es ist bräunlich bis silbergrau, am Bauch weißlich. Ihre Greifhand ist mit scharfen, spitzen Krallen ausgestattet. Es fällt auf, dass Koalas keinen Schwanz besitzen. Besonders charakteristisch und ausgeprägt sind aber ihre großen, plüschigen Ohren. Ebenso gehört die große, abgeplattete, dunkle Nase zu den typischen Merkmalen der Koalas.

Aufgabe 25

a)

Lebensraum: Bedingungen: besondere Eukalyptusbäume, ausreichend Regen; Nähe zu anderen Koalas, nur in Ost- und Südaustralien

Lebensweise: nachtaktiv, schlafen am Tag bis zu 20 Stunden; geschickte Kletterer, Baumbewohner (geeignete Greifhände, Krallen), am Boden nur, um Baum zu wechseln (auf allen Vieren), Einzelgänger (außer Paarungszeit), leben in Revieren

Nahrung: Blätter, Rinde, Früchte bestimmter Eukalyptusarten, etwa 200 bis 400 g Blätter pro Tag (deckt auch ihren Wasserbedarf), Name stammt von Ureinwohnern (Aborigines): Koala = ohne Wasser, trinkt nicht

Nachwuchs: Paarungszeit April bis Oktober, Tragzeit ungefähr 35 Tage, meist nur ein Jungtier, bei Geburt blind, nackt, kaum 1 g, etwa 2 cm lang; kriecht in Beutel, wird dort gesäugt (etwa 7 Monate); mit 12 Monaten selbstständig, nach zwei Jahren geschlechtsreif

Feinde: Dingos, Eulen, Adler, Warane, Pythons; Buschfeuer, Rodungen

b)

Lösungsvorschlag:

Koalas können sich nur unter bestimmten Bedingungen verbreiten: Es muss ausreichend Regen fallen, es müssen besondere Eukalyptusbäume vorhanden und andere Koalas in der Nähe sein. Der natürliche Lebensraum der Koalas ist darum recht begrenzt, sie leben nur in Ost- und Südaustralien.

Koalas, die meist erst in der Nacht aktiv werden, können am Tag bis zu 20 Stunden schlafen. Sie sind geschickte Kletterer und mit ihren scharfen Krallen und den kräftigen Greifhänden gut an das Leben auf Bäumen angepasst. Dort verbringen sie auch die meiste Zeit. Auf den Boden steigen sie nur herab, um sich einen anderen Baum zu suchen. Sie bewegen sich dann auf allen Vieren fort. Koalas sind außerhalb der Paarungszeit Einzelgänger und leben in Revieren.

Ihre Nahrung besteht überwiegend aus den Blättern, der Rinde und den Früchten bestimmter Eukalyptusarten. Pro Tag brauchen Koalas etwa 200 bis 400 g Blätter, die auch ihren Wasserbedarf weitgehend decken. Sie müssen darum nur selten trinken, worauf schon der Name „Koala" hinweist: Er wurde ihnen von den Aborigines, den Ureinwohnern Australiens, verliehen und bedeutet soviel wie „ohne Wasser" oder „trinkt nicht".

Die Paarungszeit der Koalas liegt zwischen April und Oktober. Meist bringen Koalaweibchen nach einer Tragzeit von ungefähr 35 Tagen nur ein Junges zur Welt. Es ist nicht viel größer als 2 cm, kaum 1 g schwer, nackt und blind. Gleich nach der Geburt kriecht es in den Beutel der Mutter, wo es etwa sieben Monate gesäugt wird und heranwächst. Nach 12 Monaten sind junge Koalas weitgehend selbstständig, nach zwei Jahren geschlechtsreif.

Dingos, Eulen, Adler, Warane und Python-Schlangen sind die natürlichen Feinde der Koalas. Sie können aber auch einem Buschfeuer oder Rodungen zum Opfer fallen.

Aufgabe 26

Der Koala ist zu einem Wahrzeichen Australiens geworden. ~~Aber der schnucklige Kerl mit seinen Knuddelohren gibt ein prima Plüschtier ab und gehört auch bei uns in jedes Kinderzimmer.~~ Dort wird er manchmal in Gehegen gehalten. In zoologischen Gärten außerhalb Australiens sieht man ihn nur selten, vor allem weil es schwierig ist, den besonderen Eukalyptus herbeizuschaffen, von dem er sich ernährt.

Begründung: Persönliche Einschätzungen und Wertungen gehören nicht in eine Beschreibung.

Aufgabe 27

c) Er zog mit seiner Spielfigur drei Felder vor.
   Begründung: Vorgangsbeschreibungen musst du im Präsens schreiben, denn du gibst einen wiederholbaren Vorgang oder Ablauf wieder. Das Präteritum („zog") verweist dagegen auf einen besonderen, einmaligen Vorgang. Der Satz könnte in einer Erzählung stehen.

e) „Man sieht ja gar nichts!"
   Begründung: Wörtliche Rede und Ausrufesätze sind Mittel des Erzählstils. Beschreibungen musst du aber im sachlichen Stil schreiben.

h) Plötzlich schwebt die Büroklammer unter dem Magneten.
   Begründung: Wörter, die Spannung erzeugen („Plötzlich"), gehören in eine Erzählung, nicht in eine sachliche Vorgangsbeschreibung.

Aufgabe 28

1. Schritt:	Lege das kurze Ende des Seils so unter das lange, dass ein Auge entsteht.	**B**
2. Schritt:	Lege das kurze über das lange Seilende.	**C**
3. Schritt:	Zieh das kurze Ende von unten durch das Auge.	**A**
4. Schritt:	Zieh den Knoten fest. Man nennt ihn Achtknoten, weil er die Form einer Acht hat.	**D**

(Der sogenannte Achtknoten verstärkt das Ende eines Seils und verhindert, dass es durch eine Öse rutscht. Er wird vor allem in der Seefahrt verwendet.)

Aufgabe 29

a)

Du brauchst kariertes Papier, einen Stift und ein Lineal. 1

Unterteile das Quadrat in fünf Zeilen und fünf Spalten, sodass 25 kleine Kästchen entstehen. **3**

Zuerst zeichnest du ein Quadrat mit einer Kantenlänge von fünf Zentimetern. **2**

Nummeriere zum Schluss die Zeilen (links) und die Spalten (oben) von 1 bis 5. **5**

Trage die Buchstaben des Alphabets in die Kästchen ein. Fülle die Zeilen von links nach rechts aus. Das i und das j teilen sich ein Kästchen. **4**

Nun kannst du jeden Buchstaben verschlüsseln, indem du zuerst die Ziffer der Zeile, dann die Spaltennummer angibst (z. B. entspricht das o der 34, das q der 41). 6

b)

alles klar
tolle idee
pit

Aufgabe 30

a)

eine Schüssel, einen Luftballon

b)

Lösungsvorschlag:

1. Schritt: Lege die leere Flasche für 2–3 Minuten ins Eisfach. Fülle die Schüssel inzwischen vorsichtig mit warmem Wasser. Das Wasser soll nicht höher als eine Handbreit stehen.

2. Schritt: Nimm nun die Flasche aus dem Eisfach und stülpe den Luftballon über den Flaschenhals.

3. Schritt: Stelle die Flasche in die Wasserschüssel und warte einen Moment ab.

c)

Beobachtung/Ergebnis: Zuerst hängt der Ballon schlapp herunter, nach einer Weile füllt er sich mit Luft.

Erklärung: Luft besteht aus kleinen beweglichen Teilchen (Moleküle). Erwärmt man die Luft, entfernen sich die Teilchen voneinander und die Luft dehnt sich aus. Sie hat nun nicht mehr genug Platz in der Flasche und entweicht in den Luftballon.

Aufgabe 31

1. mit Schaufel Pflanzloch ausheben (muss einige Zentimeter tiefer und breiter sein als Durchmesser des Blumentopfes)

3. Abstand zwischen Wurzelballen und Pflanzloch mit Blumenerde ausfüllen

2. Pflanze vorsichtig aus Topf nehmen, mit Wurzelballen ins Loch einsetzen

5. zum Schluss wässern: Gießkanne mit Wasser füllen, langsam auf Pflanzstelle laufen lassen; nach einigen Stunden wiederholen

4. eingepflanzte Blume fest in Pflanzboden eindrücken (mit ganzer Hand oder Faust, Daumen reicht nicht)

6. während der Sommerwochen: öfter Festigkeit des Bodens kontrollieren (gelockerten Boden nachdrücken); immer ausreichend wässern

Schluss: Blume wird wachsen, im August groß und schön sein;
Samenkörner aufheben, trocknen (Vogelfutter für Winter)

Lösungsvorschlag:

1. Hebe mit der Schaufel ein Pflanzloch aus. Es muss einige Zentimeter tiefer und breiter als der Durchmesser des Blumentopfes sein.
2. Nimm die Pflanze vorsichtig aus dem Topf und setze sie mit dem Wurzelballen in das Loch ein.
3. Fülle den Abstand zwischen dem Wurzelballen und dem Pflanzloch mit Blumenerde aus.
4. Drücke die eingepflanzte Blume fest in den Pflanzboden ein. Nimm die ganze Hand oder die Faust, der Daumen allein reicht nicht.
5. Zum Schluss musst du die Pflanze noch wässern: Fülle die Gießkanne mit Wasser und lass es langsam auf die Pflanzstelle laufen. Wiederhole den Vorgang nach einigen Stunden.
6. Kontrolliere während der Sommerwochen öfter die Festigkeit des Bodens. Sollte er sich gelockert haben, drücke ihn wieder fest an. Vergiss nicht, die Pflanzstelle immer ausreichend zu wässern.

Schluss: Im August wird die Sonnenblume groß gewachsen und schön anzusehen sein. Hebe die Samenkörner auf und trockne sie; im Winter kannst du die Vögel damit füttern.

3 Berichten

Aufgabe 1

a), c), f), g)

Alle anderen Sätze sind nicht im sachlichen Stil geschrieben: Die Sätze b) und d) enthalten eine persönliche Wertung, Satz e) erzeugt Spannung (*Endlich …*); Satz h) ist ein Ausrufesatz und gibt eine wörtlich Rede wieder.

Aufgabe 2

a) Das ~~superschicke~~ Auto hatte einen zerbeulten Kofferraum.
b) Man hörte eine ~~mordsmäßige~~ Explosion.
c) Ich kam mit der ~~verdammten~~ Gangschaltung nicht zurecht.
d) Das ~~nervige~~ Geräusch schreckte alle hoch.
e) Das war eine ~~riesen~~große Überraschung.
f) Der ~~blöde~~ Stadtplan war veraltet.
g) Er freute sich ~~wahnsinnig~~ über den 1. Platz.

Aufgabe 3

a) später　b) anschließend　c) anfangs

Aufgabe 4

Konjunktionen:

sodass, obwohl, als, weil, denn, obgleich, indem, sobald, nachdem, während, wenn, falls

Aufgabe 5

a) Ich war aufgeregt, **denn** ich war noch nie zuvor in einem Theaterstück aufgetreten.
b) Der Tierarzt untersuchte den Löwen, **nachdem** das Betäubungsmittel gewirkt hatte.
c) Auch die Räumfahrzeuge kamen nur langsam voran, **weil** die Straßen vollständig vereist waren.
d) Es regnete, **als** wir am nächsten Morgen losradelten.
e) Der Blumentopf fiel herunter, **während** wir auf der Terrasse saßen.
f) Der Pkw blinkte nicht, **obwohl** er rechts abbog.

Aufgabe 6

a) Der Polizist erklärte: „Ich muss ein Protokoll aufnehmen."
Der Polizist erklärte, **er müsse ein Protokoll aufnehmen**.
Auch möglich: Der Polizist erklärte, **dass er ein Protokoll aufnehmen müsse / muss**.

b) „Ich bin in die Volleyballmannschaft aufgenommen worden", berichtete Maja.
Sie sei in die Volleyballmannschaft aufgenommen worden, berichtete Maja.

c) Mirko sagte: „Nach der Wanderung waren wir alle müde."
Mirko sagte, **nach der Wanderung seien sie alle müde gewesen**.
Auch möglich: Mirko sagte, **dass sie nach der Wanderung alle müde gewesen seien / müde waren**.

d) Unser Nachbar rief uns zu: „Heute Morgen ist ein Päckchen für euch abgegeben worden."
Unser Nachbar rief uns zu, **heute Morgen sei ein Päckchen für uns abgegeben worden**.
Auch möglich: Unser Nachbar rief uns zu, **dass heute Morgen ein Päckchen für uns abgegeben worden sei / ist**.

Aufgabe 7

Lösungsvorschlag:

Ich öffnete gerade die Haustür, als ein Lieferwagen auf unserer Straße wendete und zurücksetzte. Dabei stieß er an die Mülltonne, die mein Vater am Abend zuvor für die Stadtreinigung an den Straßenrand gestellt hatte. Die Tonne, die sehr voll war, fiel sofort um. Sie begrub mein Fahrrad unter sich, das am Rand des Bürgersteigs stand. Ich wollte dem Lieferwagen noch hinterherlaufen, aber er war schon zu weit weg, sodass ich auch das Nummernschild nicht mehr erkennen konnte. Als ich den Müll, der herausgefallen war, beiseite geräumt und die Tonne wieder aufgerichtet hatte, sah ich, dass die Lenkstange meines Fahrrads ganz verbogen, der Sattel aufgeschlitzt und der Ständer abgebrochen war.

Aufgabe 8

c) Mich hat die Theateraufführung am Nachmittag furchtbar gelangweilt. Dauernd musste ich gähnen. (Hier wird eine persönliche Wertung vorgenommen; sie gehört nicht in einen Bericht.)

Aufgabe 9

a)

In **Text A** wird **erzählt**. In **Text B** wird **berichtet**.

b)

Unterschied: **Text A** schildert die **Gefühle** der Personen, vor allem ihre Aufgeregtheit (Am Sonntagabend war es *endlich* so weit. […] *Schon Tage zuvor* hatten wir uns auf diesen Abend *gefreut*. […] Wir packten *noch schnell* unsere Taschenlampen ein, dann *liefen* wir los.). Der Text erzeugt auf diese Weise **Spannung**.

In **Text B** werden keine Gefühle dargestellt. Stattdessen informiert der Text knapp über die äußeren Umstände des Ereignisses (Orts- und Zeitangaben; sachliche Beschreibung des Geschehens: *Wir wurden durch alle Etagen des Aquariums geführt und sahen viele Tiere, die man tagsüber kaum beobachten kann.*

Aufgabe 10

a)

a)	Am Dienstagnachmittag nahm ich an einer Stadtrallye durch Stuttgart teil.	**1**
b)	Ich passte während der Führung genau auf, und bald hatte ich alle Antworten richtig in mein Heft geschrieben.	**5**
c)	Ich traf mich um 15.00 Uhr mit 20 anderen Kindern im Innenhof des Alten Schlosses, wo wir unsere Erkundungstour starteten.	**2**
d)	Zur Belohnung bekam ich dafür eine Urkunde.	**6**
e)	Alle hatten einen Bleistift und einen Radiergummi mitgebracht. Wir bekamen einen Stadtplan und ein Heft mit vielen Fragen über Stuttgart, die wir während unseres Rundgangs beantworten sollten.	**3**
f)	Meine Eltern und ich waren erst vor kurzem nach Stuttgart gezogen, und ich wusste noch nicht viel über diese Stadt. Aber es war gar nicht so schwer, die Aufgaben zu lösen.	**4**
g)	Anschließend gingen wir alle noch ein Eis essen. Ich hatte viel über Stuttgart erfahren und fühlte mich nun wie ein richtiger Stäffelesrutscher, so nennt man die Stuttgarter manchmal auf Schwäbisch.	**7**

Aufgabe 11

a)

Wer? Die Klasse 5b der Hölderlin-Schule, Bio-Lehrer, Herr und Frau Küster (Besitzer eines Bauernhofs)
Wann? Am 24. Mai 2022
Wo? Bauernhof in der Nähe von Lüneburg
Was? Besichtigung eines Bauerhofs

b)

Die unterstrichenen Sätze stehen im **Präsens**, weil mit ihnen **allgemeingültige Aussagen** gemacht werden.

c)

Lösungsvorschlag:

Zur Mittagszeit holte uns der Bus wieder ab. Wir verabschiedeten uns von Herrn und Frau Küster und dankten ihnen für diesen außergewöhnlichen Schultag, an dem wir viel gesehen und gelernt hatten. Im Bus planten wir schon die nächste Klassenfahrt.

Aufgabe 12

Ich saß im Straßencafé. ~~Mittwochs bin ich immer dort, um mich von meinen Einkäufen auszuruhen. Ich habe schon einen Stammplatz. Besonders schön ist es an Sonnentagen. Aber –, wo war ich stehen geblieben? Richtig: Ich saß also im Straßencafé~~ und beobachtete, wie im Hauseingang nebenan ein Mann eine große Palmenpflanze die Treppe hinuntertrug. ~~Sie muss sehr schwer gewesen sein, denn~~ er tastete sich von Stufe zu Stufe voran, bis er schließlich auf einer der letzten Stufen das Gleichgewicht verlor und bäuchlings auf den Bürgersteig stürzte. Die Pflanze flog in hohem Bogen auf den Radfahrweg, der Topf schlug gegen ein parkendes Auto und zerbrach. ~~Na ja, was soll man dazu sagen, vermutlich konnte der Mann wegen der Palme ja auch gar nichts sehen.~~ Der Mann stand wieder auf und begutachtete erst die Treppe, dann den Schaden, den der Topf an der Wagentür angerichtet hatte. Er holte ein Handy aus der Jackentasche und telefonierte. ~~Und nun kommen Sie von der Polizei und befragen mich. Nur gut, dass nichts Schlimmeres passiert ist. Gar nicht auszudenken, wie die Geschichte ausgegangen wäre, wenn da Radfahrer vorbeigekommen wären. Die rasen ja immer so, manchmal fahren sie sogar in die falsche Richtung. Können Sie dagegen nicht endlich mal etwas unternehmen?~~

Aufgabe 13

Wer? d) (Pkw-Fahrerin, Fahrer des Lieferwagens)
Wann? c) (Dienstag, den 21. Juni 2022 um 14.30 Uhr)
Wo? g) (Goethestraße Ecke Schillerstraße)
Was? f) (Zusammenstoß auf der Kreuzung)

Aufgabe 14

Lösungsvorschlag:

… bis ich sah, dass ein Hund direkt auf mich zulief. Ich stoppte, sprang von meinem Skateboard und fiel dabei auf die Straße. Als ich mit der Hilfe meines Bruders wieder aufgestanden war, sprach uns aus dem Hintergrund ein Biker an, der neben einem beschädigten Fahrrad saß. Er …

Aufgabe 15

1 Der etwa zwölfjährige Junge starrte auf das Display seines Handys.

5 Die Einkäufe fielen auf den Bürgersteig. Der Junge sah die Bescherung und lief weg.

2 Dabei rempelte er mehrere Fußgänger an. Er ging aber weiter, ohne hochzuschauen.

3 Er steuerte direkt auf den Plakatständer des Fotogeschäfts zu.

4 Er prallte gegen den Plakatständer, der umfiel und die Einkaufstüte einer Passantin zerriss.

Aufgabe 16

a)

Lösungsvorschlag:

Der Vorfall ereignete sich am Freitag, dem 10. März 2023, gegen 14.30 Uhr auf dem Parkplatz des Getränkemarktes „Sprudel und Co.“. Am Geschehen beteiligt waren der Elektriker Harry Strippe und der Pkw-Fahrer Max Grunewald. Beim Zurücksetzen seines Wagens stieß Max Grunewald eine Leiter um, die für Reparaturarbeiten aufgestellt worden war. Sie beschädigte das Schaufenster des Getränkemarktes.

c)

Wie und warum ereignete sich der Vorfall? Nach Aussage von **Max Grunewald**:
Er wendete auf dem Parkplatz vor dem Getränkemarkt und stieß beim Zurücksetzen an das Fußende der Leiter, die für Reparaturarbeiten aufgestellt worden war.

d)

Wie ereignete sich der Vorfall? Nach Aussage von **Harry Strippe**:
Er hatte seine Spezialleiter aufgestellt und kletterte nach oben. Die vordere Abdeckung des Werbekastens hatte er abgeschraubt, und gerade wollte er eine defekte Leuchtstoffröhre ersetzen, als er merkte, dass die Leiter kippte. Er hielt sich an der Metallumrandung des Kastens fest, während die Leiter vollends wegrutschte. Mit einem Klimmzug rettete er sich auf den Werbekasten. Später holte ihn die Feuerwehr mit einer Rettungsleiter herunter.

Wie ereignete sich der Vorfall? Welche Folgen hatte der Vorfall? Nach Aussage des Geschäftsführers **Benno Sprudel**:
Er sah, wie die Leiter wegrutschte und schließlich in sein Schaufenster stürzte, das dabei völlig zerbrach. Zusammen mit seinen Mitarbeitern versuchte er die Leiter aus den Glasscherben zu heben, aber das war zu gefährlich. Er rief daraufhin die Feuerwehr, die nach 15 Minuten eintraf und den Monteur Harry Strippe mit einer Rettungsleiter herunterholte.

Die Folgen: Der Elektriker Harry Strippe blieb unverletzt. Durch die zerbrochene Fensterfront ist Herrn Sprudel allerdings ein erheblicher Sachschaden entstanden.

e)

Lösungsvorschlag:

Der Vorfall ereignete sich folgendermaßen: Die Elektrofirma Leuchtemann hatte vom Getränkemarkt „Sprudel und Co." den Auftrag erhalten, die Elektrik der Werbeflächen über dem Schaufenster zu reparieren. Die Firma hatte ihren Monteur Harry Strippe mit der Ausführung beauftragt. Herr Strippe kam um 14.00 Uhr beim Getränkemarkt an und verständigte den Geschäftsführer Benno Sprudel. Dann stellte er eine Spezialleiter auf und kletterte nach oben. Der Monteur hatte die vordere Abdeckung des Werbekastens geöffnet und war im Begriff eine defekte Leuchtstoffröhre zu ersetzen, als Max Grunewald mit seinem Pkw wendete und beim Zurücksetzen an das Fußende der Leiter stieß. Die Leiter wackelte. Der Monteur konnte sich an der Metallumrandung des Kastens festhalten, dann stürzte die Leiter in das Schaufenster, das dabei völlig zerbrach. Die Leiter blieb in den Glasscherben stecken und konnte vom Personal nicht ohne Gefahr bewegt werden. Herr Strippe hatte sich inzwischen durch einen Klimmzug auf den Werbekasten geschwungen und saß dort fest. Die Feuerwehr wurde sofort alarmiert. Sie traf nach 15 Minuten ein und konnte den Monteur mit einer Rettungsleiter bergen. Der Monteur Harry Strippe blieb unverletzt. Herrn Sprudel ist durch die zerbrochene Fensterfront allerdings ein erheblicher Sachschaden entstanden.

4 Texte erschließen

Aufgabe 1

Rotkäppchen und der Wolf	**Korb**
Rapunzel	**Haar**
Der Wolf und die sieben Geißlein	**Kreide**
Dornröschen	**Spindel**
Aschenputtel	**Schuh**
Schneewittchen	**Spiegel**

Aufgabe 2

Sage: Der Ort wird angegeben: Worms am Rhein. Es werden Namen genannt: u.a. König Gunther, die Brüder Gernot und Giselher, die Burgunden. Mit diesen Angaben wird die Geschichte historisch verankert.

Märchen: Der Anfang ist typisch (*Es war einmal …*). Die magische Zahl Drei kommt vor (*drei Tropfen*). Der Name der Königin wird nicht erwähnt. Ebenso fehlt eine Ortsangabe.

Aufgabe 3

Merkmale, die **zutreffen**, und Sätze oder Stellen im Text, die unterstrichen sein müssen:

a) Typischer Anfang: Es war einmal ein armes frommes Mädchen …

c) Wünsche, die auf wunderbare Weise erfüllt werden: … und nun waren Armut und Hunger vergessen und sie aßen süßen Brei, sooft sie wollten.
Auch möglich: Als das Mädchen wieder einmal ausgegangen war, sprach die Mutter „Töpfchen, koche". Da kochte es, und sie aß sich satt.

e) Zauberdinge und Zauberformeln: Sie schenkte dem Mädchen ein Töpfchen …; „Töpfchen, koche" …, „Töpfchen, steh".

Aufgabe 4

a) Einst lebte ein Mädchen zusammen ~~mit seinen Eltern im Wald~~.
Einst lebte ein Mädchen zusammen **mit seiner Mutter**.

b) Sie aßen süßen ~~Haferbrei~~, sooft sie wollten.
Sie aßen süßen **Hirsebrei**, sooft sie wollten.

c) Endlich, als nur noch ~~zwei Häuser~~ übrig ~~waren~~, kam das Kind heim.
Endlich, als nur noch **ein einziges** Haus übrig **war**, kam das Kind heim.

Aufgabe 5

Lösungsvorschlag:

Zeile 1–2	Ein frommes Mädchen lebt mit seiner Mutter allein. Sie sind arm und haben Hunger.
Zeile 3–6	Eines Tages begegnet dem Mädchen im Wald eine alte Frau. Sie kennt die Not der beiden und schenkt dem Mädchen einen Topf, der zaubern kann. Wenn man die Zauberformel „Töpfchen, koche" ausspricht, kocht es süßen Hirsebrei, sagt man „Töpfchen, steh", hört es auf zu kochen.
Zeile 7–8	Von nun an haben das Mädchen und seine Mutter immer genug zu essen.
Zeile 9–15	Als die Mutter einmal allein zu Hause ist, zaubert sie sich mit dem Töpfchen ihr Essen. Doch sie kennt die Formel nicht, mit der man den Zauber beendet, und so kocht das Töpfchen so viel süßen Brei, dass schließlich die ganze Straße voll davon ist und nur noch ein Haus übrig bleibt, das nicht darin versunken ist.
Zeile 16–18	Erst als das Mädchen heimkehrt und die Formel „Töpfchen, steh" spricht, hört der Zauber endlich auf.

Aufgabe 6

Lösungsvorschlag:

Im Märchen erfüllt sich der Wunsch des Mädchens und der Mutter, immer genug zu essen zu haben. Zugleich wird aber auch vor dem Überfluss gewarnt, das zeigt die Ratlosigkeit der Menschen angesichts des überquellenden Breis. Vielleicht haben sich die Menschen das Märchen früher erzählt, um sich damit zu trösten, wenn sie in Hunger und Armut lebten.

Aufgabe 7

a)

Ortsnamen, Personennamen

Es werden Personennamen genannt. Auch werden Ortsangaben gemacht, die sich nachprüfen lassen. Die Inseln Kreta, Samos, Delos, Paros und Ikaria gibt es tatsächlich. Diese Hinweise zeigen, dass es sich um eine Sage und nicht um ein Märchen handelt.

b)

Personennamen

Dädalus: Ein berühmter Künstler, der auf Kreta zunächst eine Zuflucht findet, später aber flieht.

Minos: Er ist König von Kreta und nimmt den flüchtigen Dädalus auf. Er will nicht, dass Dädalus die Insel verlässt.

Ikarus: Der Sohn des Dädalus, der wegen seines Leichtsinns auf der Flucht zu Tode stürzt.

Ortsnamen

Kreta: Eine Insel, auf der König Minos herrscht.

Samos, **Delos**, **Paros**: Inseln, an denen Dädalus und Ikarus auf ihrer Flucht vorbeifliegen.
Ikaria: Eine Insel, auf der Dädalus die Leiche seines verunglückten Sohnes findet; sie wird in Erinnerung an Ikarus benannt.

c)

Zeile **1** bis **3**:	Dädalus wird von König Minos aufgenommen.
Zeile **3** bis **8**:	Dädalus plant die Flucht und bereitet sie vor.
Zeile **9** bis **12**:	Dädalus belehrt Ikarus.
Zeile **12** bis **16**:	Dädalus und Ikarus fliegen übers Meer.
Zeile **16** bis **20**:	Ikarus wird übermütig und stürzt ins Meer.
Zeile **21** bis **22**:	Dädalus findet Ikarus auf einer Insel.

d)
Lösungsvorschlag:
Das Motiv des Fliegens wird in dieser Sage mit Freiheit gleichgesetzt: König Minos beherrscht das Land und das Meer, nur der Flug durch die grenzenlosen Lüfte bietet Dädalus die Chance, sich der Macht des Königs zu entziehen.

e)
Lösungsvorschlag:
Ikarus verlässt die sichere mittlere Bahn, die sein Vater ihm empfohlen hat. Übermütig fliegt er immer höher, bis ihm sein Leichtsinn zum Verhängnis wird und er zu Tode stürzt. Ikarus hätte den Ratschlag seines Vaters befolgen und vorsichtiger sein sollen, dann wäre er nicht verunglückt, so könnte eine Lehre lauten.
Im übertragenen Sinne lässt sich auch sagen: Wer zu hoch hinaus will, begibt sich in Gefahr.

Aufgabe 8

Der Löwe ist großmütig und **gütig**. (So heißt es im Text: „Diese Güte …".)
Die Maus ist leichtsinnig und schließlich **dankbar**. (Sie befreit den Löwen, weil er ihr zuvor das Leben geschenkt hat und sie sich dafür erkenntlich zeigen möchte. Sie „belohnt" ihn, heißt es in der Fabel.)

Aufgabe 9

Pfau: eitel Dohle: klug
Begründung: Der **Pfau** ist eitel, denn er prahlt mit seiner Schönheit und glaubt, allein ihretwegen für das Amt des Königs geeignet zu sein.
Die **Dohle** dagegen verhält sich klug und vorausschauend, denn sie erkennt, dass Schönheit allein nicht ausreicht, das Amt des Königs zum Schutz und Wohl aller Vögel auszuüben.

Aufgabe 10

Schluss **b) passt** besser zu der Fabel. **Begründung**: Selbst wenn der Rabe mit einem schönen Gesang überraschen würde (was unwahrscheinlich ist, denn Raben sind eher für ihr Krächzen bekannt), der Fuchs wäre darum nicht „neidisch". Er ist nämlich gar nicht aufrichtig an den Gesangskünsten des Raben interessiert. Vielmehr ist er von vornherein auf den Käse aus; das belegt der Satz: „Vom Duft des Käses angelockt, eilte ein Fuchs herbei."
Schluss b) nimmt darauf Bezug und führt die Handlung sinnvoll weiter: Der Rabe verliert den Käse beim Versuch zu singen, der Fuchs schnappt sich den begehrten Leckerbissen und macht sich über den Raben lustig.
Er wird „töricht" genannt, und tatsächlich, der Rabe verhält sich nicht klug. Denn in seiner Eitelkeit durchschaut er die List des Fuchses nicht, der ihm nur schmeichelt, um an den Käse zu gelangen.

Aufgabe 11

a)

Löwe:	gierig / habgierig (auch möglich: egoistisch / selbstsüchtig; hinterlistig)
Esel:	gerecht (auch möglich: genau, gutgläubig, einfältig)
Fuchs:	schlau / klug

b)
Der Klügere gibt nach. **Begründung**: Das „Schicksal des Esels" hat den Fuchs darüber belehrt, dass dem Löwen an einer gerechten Aufteilung der Beute gar nicht gelegen ist. Der Fuchs beruft sich darum nicht auf die ursprüngliche Vereinbarung und überlässt dem Löwen fast alles. Das ist klug, denn es rettet ihm das Leben.

Aufgabe 12

a)
Lösungsvorschlag:
Er konnte mit seinem Schnabel bequem hineinlangen. Die Schnauze des Fuchses aber passte nicht in das Gefäß. Mit knurrendem Magen sah er zu, wie es sich der Storch schmecken ließ. Hungrig trottete er schließlich heim.
Begründung: Diesen Schluss legt der Verlauf der Fabel nahe. Der Fuchs hatte die Suppe auf einem flachen Teller serviert, sodass nur er sie essen konnte, der Storch aber leer ausging. Dafür will sich der Storch rächen. Er bietet den Braten in einem Gefäß an, das „mit langem Hals und enger Öffnung" jetzt nur für ihn, nicht für den Fuchs geeignet ist. So wird es dem Fuchs wohl genauso ergehen wie zuvor dem Storch: Er wird nicht ans Essen gelangen und hungrig nach Hause gehen müssen.

b)
Mögliche Lehre:
Wer jemanden überlistet, muss damit rechnen, selbst hereingelegt zu werden.
Oder auch: Wer jemanden überlistet, muss damit rechnen, dass ihm Gleiches widerfährt (... dass ihm ebenso geschieht) / Wie du mir, so ich dir.

Aufgabe 13

a)

Tierlexikon, Fachzeitschrift, Internet

b)

Nein Erdmännchen leben in großen Gruppen, die man Familien nennt.
(Richtig: Sie leben in großen Gruppen, die man Kolonien nennt.)

Ja Erdmännchen sitzen gern in der Sonne.

Nein Erdmännchen schlafen tagsüber in ihrem unterirdischen Bau.
(Richtig: Erdmännchen sind tagaktiv und schlafen nachts in ihrem unterirdischen Bau.)

Ja Erdmännchen warnen ihre Artgenossen, die auf Nahrungssuche sind, vor Feinden.

Aufgabe 14

a)

Zeitungsreportage

b)

Aluminium (Zeile 7): Ein leichtes Metall mit hoher Festigkeit.
Sensor (Zeile 12): Ein Berührungsschalter, z. B. ein Bewegungsmelder. Man nennt einen Sensor auch „Messfühler". Er erfasst z. B. physikalische Größen und wandelt sie in elektrische Signale um.

Aufgabe 15

a)

… wie man herausfindet, ob Fahrradhelme gut genug schützen.

b)

Lösungsvorschläge:

1. Absatz (Zeile 1–6): Fahrradhelm – wie gut er schützt – Maschinen – Testlabor

2. Absatz (Zeile 7–11): Kopf aus Aluminium – Maschine – Helm – Boden – Delle

3. Absatz (Zeile 12–20): Sensoren – Aufprall gemessen – Daten – Computer – Nach Versuch – Helm – Müll

4. Absatz (Zeile 21–24): fünfmal wiederholen – Test – ändern – Temperatur – Labor – warm – kalt

5. Absatz (Zeile 25–32): nächste Maschine – wie Helm sitzt – Wichtig – Helm – Luftschlitze – mit Netz geschützt c)

Richtige Aussagen:

③ Ein Helm könnte innen beschädigt sein, auch wenn man ihm das von außen nicht ansieht. (Zeile 17–19)

⑤ Der Helm muss mit Luftschlitzen ausgestattet sein, die durch ein Netz vor Insekten schützen. (Zeile 29–31)

Berichtigte Aussagen:

① Die Testmaschine lässt den Helm am Boden auf eine Ecke aus Stahl knallen. Sie ist so spitz <u>wie</u> eine Bordsteinkante. (Zeile 8–10)

② In dem Kopf aus Aluminium sind Sensoren, die den Aufprall messen. Die Daten werden an einen Computer weitergegeben. (Zeile 12–13)

④ Der Helm wird im Labor bei frühlingshaften <u>15 Grad</u> und frostigen <u>20 Grad</u> minus getestet. (Zeile 23)

Aufgabe 16

a)

Zeile 7–14 Zeile 21–24

b)

Lösungsvorschläge:

Zeile 7–14: Der Helm wird auf einen Kopf aus Aluminium gespannt, den eine Maschine auf den Boden schnellen lässt. Dort knallt der Alu-Kopf auf eine Ecke aus Stahl, die die Eigenschaften einer Bordsteinkante hat. Der Helm ist nach dem Sturz zwar eingedellt, er hat aber den Test bestanden. Das zeigt die Computerauswertung der Daten, die von Sensoren im Inneren des Helms beim Aufprall gemessen worden sind. Der Sturz ist ausreichend abgedämpft worden.

Zeile 21–24: Diesen Test führen die Prüfer insgesamt fünfmal mit immer neuen Helmen durch. Dabei wird auch die Temperatur im Labor verändert. Der Helm wird zuerst bei Plusgraden (15 Grad), dann auch bei Minusgraden (–20 Grad) getestet, denn im Winter darf das Plastik nicht schneller splittern als im Sommer.

Aufgabe 17

a)

Haltbarmachung von Lebensmitteln

b)

Lösungsvorschläge:

Zeile 11 bis 16: trocknen – Obst – gehen wertvolle Vitamine verloren – Seeleute – Mangelerkrankung Skorbut.

Zeile 17 bis 22: im 18. Jahrhundert – „Pest der Seefahrt" – verhindert – Frisches Obst – Gemüse – Vitamin C – auf See – haltbar – vitaminreich – Sauerkraut

Zeile 23 bis 27: 18. und 19. Jahrhundert – Konservierungstechniken verbessert – **Konservendose**

Zeile 28 bis 31: später – Weckglas – auch im Haushalt – eingesetzt

Zeile 32 bis 37: Zu dieser Zeit – Tiefkühlen – noch nicht – privaten Küchen – 50er Jahren des 20. Jahrhunderts – meisten Haushalte – Kühlschrank

c)

Du kannst für die Überschriften Wörter aus dem Text verwenden oder eigene Formulierungen suchen.

Lösungsvorschläge:

Zeile 1 bis 4: Die Konservierung von Nahrungsmitteln als Schutz vor Bakterien und Schimmelpilzen

Zeile 5 bis 10: Die Konservierung von Fleisch und Fisch in früheren Zeiten (Trocknen, Räuchern, Einsalzen)

Zeile 11 bis 16: Vitaminmangel unter Seeleuten wegen konservierter Nahrungsmittel

Zeile 17 bis 22: Frischkost oder vitaminreiches Sauerkraut beugt Mangelerkrankungen vor

Zeile 23 bis 27: Die Erfindung der Konservendose im 18. und 19. Jahrhundert

Zeile 28 bis 31: Das Weckglas

Zeile 32 bis 37: Neuere Verfahren der Konservierung: Die Kühltruhe und der Kühlschrank

d)

Lösungsvorschlag:

Schon früh dachten die Menschen darüber nach, wie Nahrungsmittel länger haltbar gemacht und vor dem Verderben durch Bakterien und Schimmelpilze bewahrt werden können.

Lebensmittel wie Fleisch und Fisch konnte man früher länger aufheben, wenn man sie zuvor getrocknet, geräuchert und eingesalzen hatte. So konnten sich Bakterien und Pilze nicht vermehren.

Auch Obst, z. B. Weintrauben, kann man trocknen. Dabei gehen aber wichtige Vitamine verloren –, ein Problem vor allem für die Seefahrt in früheren Zeiten. Viele Seeleute starben damals an der Mangelerkrankung „Skorbut“, da der Proviant an Bord zwar haltbar, aber nicht nahrhaft genug war.
Man nannte diese Krankheit auch die „Pest der Seefahrt“. Sie konnte erst im 18. Jahrhundert bekämpft werden. In dieser Zeit entdeckte man nämlich, dass frisches Obst und Gemüse den Ausbruch der Krankheit verhindern können, weil sie ausreichend Vitamin C enthalten. Nun war Frischkost auf langen Seereisen schwer zu besorgen, aber man ersetzte sie durch Sauerkraut: Es war vitaminreich genug und hielt sich über längere Zeit.
Später, im 18. und 19. Jahrhundert, wurden die Konservierungsverfahren dann verbessert. Erst entwickelte man die Konservendose, um Bakterien und Pilzbefall abzuwehren, wenige Jahrzehnte später wurde das Weckglas erfunden, das auch im privaten Haushalt verwendet werden konnte.
Auch das Tiefkühlen erwies sich bald als geeignet, Nahrungsmittel haltbar zu machen. Allerdings kam dieses Verfahren für private Haushalte zunächst noch nicht infrage. Dort gehörten Kühltruhen erst später zur Grundausstattung. Sehr viele private Küchen hatten in den 50er Jahren des 20. Jahrhunderts aber schon einen Kühlschrank, der es ermöglichte, Lebensmittel über einen längeren Zeitraum aufzubewahren.

Verzeichnis grammatischer Fachausdrücke

Fachausdruck	Bedeutung
Adjektiv	Eigenschaftswort (*schön, hell, fröhlich*)
Adverb	Umstandswort (*morgens, dort, gestern*)
Antonyme	Wörter mit entgegengesetzter Bedeutung (*hell* ↔ *dunkel*)
Futur	Zukunft (*er wird schreiben*)
Hauptsatz	Satz, der sinnvoll allein stehen kann und keinem anderen Satz untergeordnet ist. (*Der Hund bellte.*)
Indirekte Rede	Mit ihr wird die Äußerung eines anderen Sprechers (oft nicht im Wortlaut, sondern nur sinngemäß) wiedergegeben. In aller Regel wird die indirekte Rede im Konjunktiv I formuliert und mit der Konjunktion *dass* eingeleitet. Im Gegensatz zur wörtlichen (direkten) Rede kennzeichnet man die indirekte Rede nicht durch Anführungszeichen. (Er sagte, *dass er am Wochenende seine Oma besucht habe.*)
Konjunktion	Bindewort (*und, oder, sowie, während, obgleich, sondern …*)
Nebensatz	Untergeordneter Satz, der nicht sinnvoll allein stehen kann und meist von einem Hauptsatz abhängt. (Der Hund bellte, *als es an der Tür klingelte.*)
Nomen (Substantiv)	Hauptwort, Namenwort (*Haus, Dach, Garten*)
Perfekt	vollendete Gegenwart (*er hat geschrieben*)
Plusquamperfekt	vollendete Vergangenheit (*er hatte geschrieben*)
Präsens	Gegenwart (*er schreibt*)
Präteritum	Vergangenheit (*er schrieb*)

Fachausdruck	Bedeutung
Redebegleitsatz (auch: Begleitsatz)	Er steht bei der wörtlichen Rede. Mit ihm wird angegeben, wer spricht. (*Jan rief*: „Beeilt euch!“)
Relativpronomen	bezügliches Fürwort (*der, die, das; welcher, welcher, welches*)
Relativsatz	Nebensatz, den ein Relativpronomen (*der, die, das* …) oder ein Relativadverb (*wo, wodurch* …) einleitet. (Meine Katze, *die sehr ängstlich ist*, versteckt sich oft unter dem Schrank.)
Satzgefüge	Verbindung aus Hauptsatz und einem oder mehreren Nebensätzen (*Der Hund bellte, als es an der Tür klingelte.*)
Synonyme	Wörter mit gleicher oder ähnlicher Bedeutung (*Apfelsine – Orange*)
Tempus	Zeitform des Verbs (*Präsens, Präteritum, Perfekt, Plusquamperfekt, Futur I + II*)
Verb	Tätigkeitswort, Zeitwort (*laufen, regnen, stehen*)
Wörtliche Rede (auch: direkte Rede)	Eine Aussage oder ein Gedanke wird wörtlich und im Indikativ wiedergegeben. Die wörtliche Rede kennzeichnet man durch Anführungszeichen. (Er sagt: *„Morgen gehen wir ins Kino.“*)

Quellennachweis

Textquellen:

S. 19: Hans Christian Andersen, Des Kaisers neue Kleider (übersetzt von Heinrich Denhardt), aus: Das Märchenbuch, hrsg. v. Lisa Paulsen, Reclam Verlag, Stuttgart 2003.

S. 39: Miguel de Cervantes, Don Quijote – Der Kampf mit den Windmühlen, aus: Erich Kästner, Erich Kästner erzählt, Cecilie Dressler Verlag, Hamburg 2010.

S. 40: Miguel de Cervantes, Don Quijote – Wasserburg und Wellenbad, aus: Erich Kästner, Erich Kästner erzählt, Cecilie Dressler Verlag, Hamburg 2010.

S. 43, 126: Joachim Ringelnatz, Im Park, aus: Der große Conrady, hrsg. v. Karl Otto Conrady, Artemis & Winkler, Düsseldorf 2008.

S. 44, 127: Wie Eulenspiegel einem Esel das Lesen beibrachte, aus: Erich Käsner, Erich Kästner erzählt, Cecilie Dressler Verlag, Hamburg 2010.

S. 93: Brüder Grimm, Schneewittchen, aus: Das Märchenbuch, hrsg. v. Lisa Paulsen, Reclam Verlag, Stuttgart 2003.

S. 94: Brüder Grimm, Der süße Brei, aus: Das Märchenbuch, hrsg. v. Lisa Paulsen, Reclam Verlag, Stuttgart 2003.

S. 96: Gustav Schwab, Dädalus und Ikarus, aus: Die schönsten Sagen des klassischen Altertums, Gondrom Verlag, Bindlach 2006.

S. 99, 100: Äsop, Der Löwe und die Maus, Der Pfau und die Dohle, Der Löwe, der Esel und der Fuchs, aus: Sämtliche Fabeln der Antike, hrsg. und übersetzt von Johannes Irmscher, Anaconda Verlag, Köln 2006.

S. 101: Jean de La Fontaine, Der Rabe und der Fuchs, Der Fuchs und der Storch, aus: Jean de la Fontaine, Fabeln, ausgewählt von Maximilian Graf, übersetzt von Ernst Dohm, Anaconda Verlag, Köln 2005.

S. 104: Folterkammer für Fahrradhelme, aus: Dein Spiegel Nr. 7/2010, S. 36.

S. 107: Malte Linde, Frischhalten, aus: http://www.planet-wissen.de/alltag_gesundheit/essen/frischhalten/index.jsp (Sendung: Konservieren – Pökelfleisch und Tiefkühlkost).

Bildquellen:

11.1 Getty Images (Don Mason), München; **11.2** Getty Images (FatCamera), München; **11.3** Getty Images (Jupiterimages), München; **11.4** Adobe Stock (grafikplusfoto), Dublin; **12** Adobe Stock (grafikplusfoto), Dublin; **36** Adobe Stock (Philippe), Dublin; **47** Kara, Annette Nora, Remseck; **48.1** Kara, Annette Nora, Remseck; **48.2** Kara, Annette Nora, Remseck; **48.3** Kara, Annette Nora, Remseck; **48.4** Kara, Annette Nora, Remseck; **49.1** Kara, Annette Nora, Remseck; **49.2** Kara, Annette Nora, Remseck; **49.3** Kara, Annette Nora, Remseck; **49.4** Kara, Annette Nora, Remseck; **50.1** Kara, Annette Nora, Remseck; **50.2** Kara, Annette Nora, Remseck; **50.3** Kara, Annette Nora, Remseck; **50.4** Kara, Annette Nora, Remseck; **50.5** Kara, Annette Nora, Remseck; **50.6** Kara, Annette Nora, Remseck; **52.1** Hans Jürgen Press, Beltz & Gelberg Verlag, Weinheim; **52.2** Hans Jürgen Press, Beltz & Gelberg Verlag, Weinheim; **52.3** Hans Jürgen Press, Beltz & Gelberg Verlag, Weinheim; **61** Kara, Annette Nora, Remseck; **65.1** Kara, Annette Nora, Remseck; **65.2** Kara, Annette Nora, Remseck; **68** Getty Images (Mark Newman), München; **69** Adobe Stock (muratart), Dublin; **70** Adobe Stock (daphot75), Dublin; **73.1** Kara, Annette Nora, Remseck; **73.2** Kara, Annette Nora, Remseck; **73.3** Kara, Annette Nora, Remseck; **73.4** Kara, Annette Nora, Remseck; **75.1** Kara, Annette Nora, Remseck; **75.2** Kara, Annette Nora, Remseck; **89** PONS GmbH (PONS), Stuttgart; **103** Adobe Stock (Zsolt Biczó), Dublin; **131** Hans Jürgen Press, Beltz & Gelberg Verlag, Weinheim

Der Verlag hat sich nach bestem Wissen und Gewissen bemüht, alle Inhaber von Urheberrechten an Texten und Abbildungen zu diesem Werk ausfindig zu machen. Sollte da in irgendeinem Fall nicht korrekt geschehen sein, bitten wir um Entschuldigung und bieten an, gegebenenfalls in einer nachfolgenden Auflage einen korrigierten Quellennachweis zu bringen.